アフターコロナの
都市と住まい

コロナ禍がもたらすまちづくりの変化とは

米山 秀隆

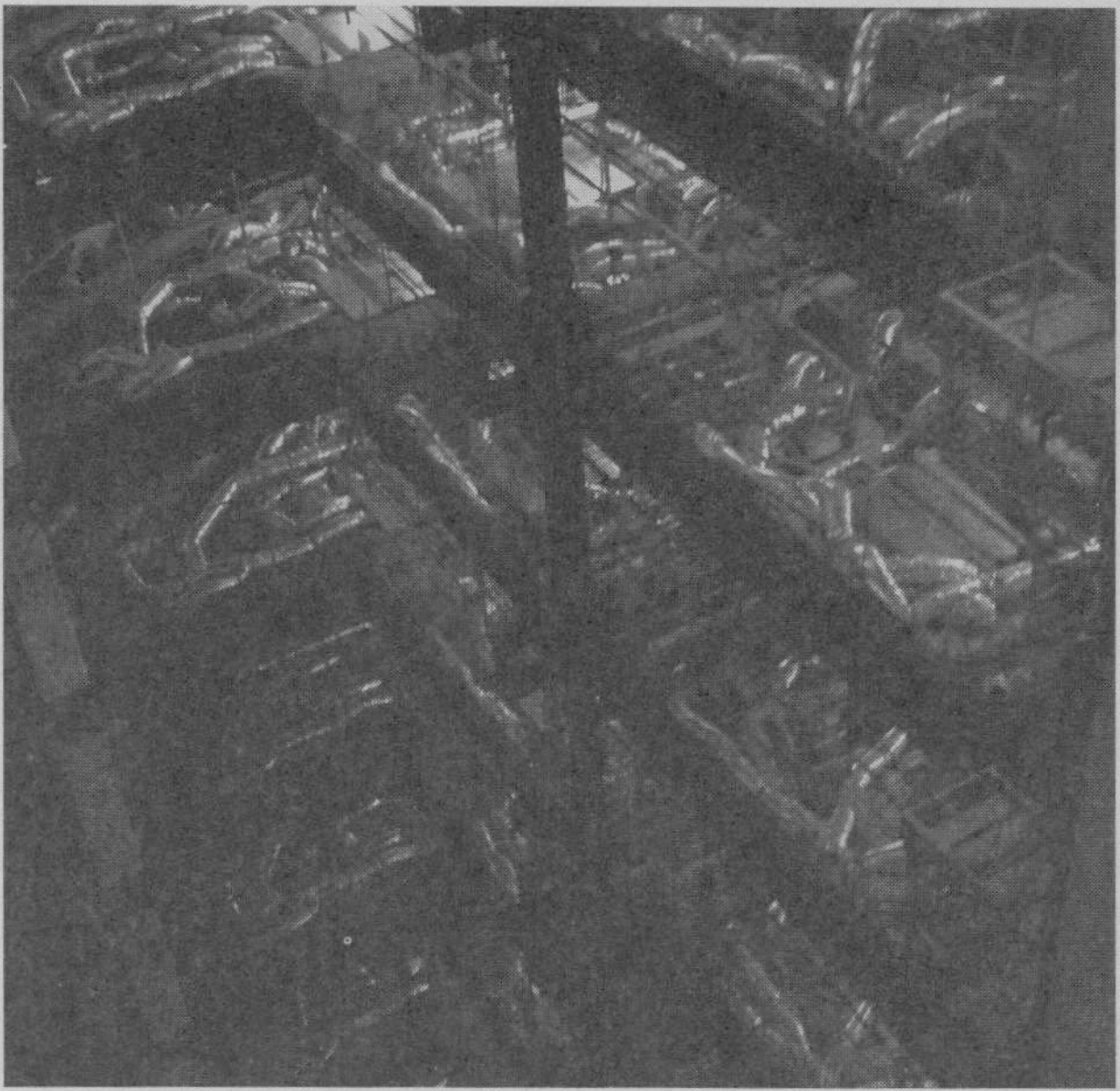

PROGRES
プログレス

はしがき

２０２０年は、コロナ禍によってできなくなったリアルな活動の代わりとして、バーチャルな活動が様々な面で試みられた1年であった。仕事面ではテレワークやリモート接客、教育面ではオンライン授業、コミュニケーション面ではオンライン飲み会やオンラインサークル、芸術面ではオンライン映画制作やオンライン句会といった具合である。

テレワークがその典型であるが、従来からツールは持っていても使っていなかったものが、緊急事態に直面して一気に普及した。これにより、これまでリアルの世界のやり取りでなければと思っていた会議が、オンラインやチャットでも開催できるなど、バーチャルでもある程度は代替できることが認識された。オンライン授業も同じで、受けてみたら、授業自体は教室にいる感覚とさほど変わらないなどの感想も出た。

その際、バーチャルな活動を最大限生かすためのノウハウが問われるようになった。テレワークの会議では、対面でないからこそ、事前に資料を共有するなど効率的な運営を意識することの必要性などが認識された。また、コーチが在宅で練習場の選手を指導するリモート練習を試みたプロ野球団では、すぐに質問できる環境にはないため、課題や目標を決め、それをどのように達成できたかなどを常に意識し、時間を大切にするようになったという。

むしろ、バーチャルにはバーチャルなりの優れた特性があることがわかり、その場合、リアルが果たす役割とは何なのかが問われる場面も出てきた。仕事面では、顧客との打ち合わせでこれまでもビデオ会議システムは使ってきたが、今後は、現場・現物を重視して実施してきた出荷前の立ち合い検収さえもデジタルでできるといったメーカーの声もある。その場合、ほとんどのことはデジタルででき、現場に行ったり人に会ったりするのは、最後の一部分に限られることになる。

アパレル販売では、遠隔で顧客に接客するサービスも試みられた。顧客は通販サイトから気になる商品を選択し、チャットや動画で質問でき、販売員は在宅でこれに対応する。この場合は、もはやリアルな現場は不可欠なものではない。不動産仲介の場合は、最後の現場での確認は必要と考えられるが、それ以前の部分はビデオ通話やＶＲ内覧などを活用すれば、かなりの部分、デジタル化できる可能性がある。

リアルとバーチャルの適切な役割分担、あるいは相乗効果により、新たな価値が創出される期待も出てきている。リモートワークで映画制作を試みた事例では、ロケをしたり集まったりせず、離れた場所からインターネットを通じて俳優に出演してもらった。監督は、限定的な世界を逆手に取ることで、観客を効果的に引きずり込めるのではと考えたという。

こうしてコロナの渦中で手に入れた新たな技術や知見、ノウハウは、日常が戻ったときにも活かせるはずである。古来、新たな技術革新は、何らかの制限がある中で生まれてくることが少なくない。コロナ禍でリアルな接触が難しい状況が今後もしばらく続くとなると、様々な技術革新や新たな試みを促す契機になるかもしれない。

一方、バーチャルな活動には、リアルの世界での体験が困難な場合や、バーチャルの世界に触れることでリアルの世界へと誘う目的のものもある。たとえば、VR技術を使った観光は、従来、遠出や外出が困難な人の需要を狙ったものであったが、自由な外出が制限される中では、需要がより一般化する可能性が出てきている。

しかし、バーチャル化を推し進めることのマイナス面もある。その典型は、1人で仕事をしたり、授業を受けたりする際に感じる孤独感である。これに対し仕事の場合は、オンラインランチやオンライン飲み会を開催したり、オンラインルームを設置して雑談が気軽にできるようにしたりするなどの取り組みがなされた。教育面でも、チャットで意見交換するなど、一体感を感じられるような工夫がなされた。これについては、大人数のリアルの場では発言しにくいが、チャットでは意見を言いやすいなどのメリットも出ている。

バーチャルな活動では孤独感を感じる場面もあるが、現状でリアルな活動が全くできないことの代替として行われている場合は、逆に孤独感を癒す機能を発揮しているケースもある。リアルで集まれないサークルの例会をオンラインで開催したり（オンラインサークル）、サッカーのサポーター同士が、試合が開催されない中、オンライン飲み会で交流を深めたりした例である。政府が呼びかけたオンライン帰省は、リアルならば年数回しかできないところが、バーチャルならば何度でもできるというメリットもある。

より一層深刻な問題は、特に仕事の面であるが、オンライン化によるコミュニケーション不足とそれに伴う生産性低下が、テレワーク期間が長引くにつれて無視し得なくなってきたという点である。完全テレワーク化できる業務は、対顧客でほぼ1人で完結できるなど、やるべきことが明確かつ固定されている傾向があるように思われる。それ以外の多くの業務では、社員同士がコミュニケーションをとりながら、業務の改善を図ったり、新たな財・サービスの提供を考えたりしながら、行っている場合が多い。思いがけない相手との対面で新たな発想が生まれることもあるが、オンラインではこの機会が失われる。こうした点から、やはり出社は欠かせないとの意見も多くなっている。

以上のように、デジタル化の進展はプラス、マイナスの両面をもたらしている。コロナ禍は、デジタル技術を積極的に活用するきっかけにはなったが、これはコロナ禍がなくても長期的には進展していたことでもある。今後もうまく活用されていけば、社会や生活を豊かにしていくと考えられる。

本書においては、コロナ禍を契機に一気に進んだデジタル化とそれに伴う働き方や暮らしの変化が、今後の都市と住まいにどのような変化を与えるかを探ることを目的にしている。

本書のタイトルを、「アフターコロナの都市と住まい」としているのには、第一義的にはそのような意味がある。同時に、コロナ禍で新たな将来像が台頭しつつある現在は、ビフォーコロナからの課題も直視し、解決に向けて踏み出さなければならない時期に差し掛かっているとも考えられる。その観点から本書では、ビフォーコロナからの宿題も取り扱う。

アフターコロナのまちづくりにおいては、多様な働き方や住まい方に対応できるよう都市基盤を整え魅力を高めていく一方で、負の遺産となるような物件はできるだけ残さない仕組みを構築することで、まちとしての持続性を高めていくことが必要になる。これはビフォーコロナから必要な事柄であったが、今後はこの課題により一層、真剣に向き合う必要性が高まっている。

本書が今後の都市や住まいのあり方を考える上で、何がしかのヒントが得られるとすれば幸いである。本書を刊行するにあたっては、プログレスの野々内邦夫氏に大変お世話になった。深く感謝申し上げる。

２０２１年２月

米山　秀隆

目　次

序　章　アフターコロナの都市と住まい

●テレワークの普及と分散化の流れ　2
●逆に都心居住志向が強まる流れも　5
●所有優先から利用優先へ　8
●職住近接の手段　10
●住宅・不動産業界の新たな需要開拓　12
●空間の果たすべき役割、機能の再定義　15
●スマートシティによる感染症対策　17
●受け皿としての郊外・地方都市の基盤強化　20
●ターゲットを絞った人材呼び込み　22

●本書で扱う課題　23

第1章　アフターコロナの課題①――郊外・地方都市の再生

1　はじめに――36
2　北海道夕張市――40
●破綻に至るまでの経緯　40
●まちの集約の必要性　41
●集約の具体的な進め方　43
●住推進策の鍵　45
●財政再建から地域の再生へ　46
3　富山市――49
●コンパクト化に取り組んだ経緯　49
●ＬＲＴ整備と沿線への集住施策　52
●まちなかの賑わい創出の仕掛け　55

●コンパクトシティの世界の5都市に 56
4 岐阜市 58
●公共交通の衰退 58
●バス路線の再編とBRT導入 60
●市民共働型コミュニティバス 63
●地域公共交通網形成計画と立地適正化計画 64
5 宇都宮市 66
●メリハリのない都市構造 66
●LRT新設による東西交通軸の整備 67
●居住誘導区域設定の考え方 69
●富山市、岐阜市、宇都宮市の比較 70
6 埼玉県毛呂山町 74
●厳しい財政状況 74
●ゴーストタウン化の懸念 76

●意欲的な数値目標の設定　77
7　コンパクトシティ政策推進の鍵は何か――79
●各事例の特徴　79
●政策の推進力となるもの　81
●公共交通の選択肢　82
●居住地域の絞込み　83
8　おわりに――84

第2章　アフターコロナの課題②――移住者呼び込みの方策

1　はじめに――90
2　自治体の移住促進策――92
●空き家バンクの成功要因　92
●空き家の売却・賃貸化のネック　99
●空き家利活用促進のための支援措置　101

3 自治体による移住者選抜 103
●大分県竹田市——伝統工芸職人の呼び込み 103
●島根県江津市——ビジネスプランコンテスト 108
●島根県浜田市——シングルペアレントの呼び込み 112
4 移住者呼び込みの好循環 115
●徳島県神山町——IT企業による魅力発見 116
●島根県海士町——若者のIターン起業 122
5 移住者呼び込みの戦略 128

第3章 ビフォーコロナからの宿題①——空き家の現状と賃貸住宅の過剰問題

1 空き家対策のこれまでとこれから 134
●増える放置された木造戸建て住宅 134
●廃屋増加の可能性 137
●空家法の制定と税制改正 142

●解体費用徴収の仕組みと所有権放棄ルール 144
●循環型の住宅市場へ 145
●まちづくりとの連動 146
●共同住宅の空き家問題 147
2 相続対策としての賃貸物件の取得に逆風 149
●慢性的に供給過剰な賃貸物件 149
●資産圧縮幅を抑える動き 151
●相続税評価をめぐる東京地裁判決 152
●賃貸物件の供給に歯止めがかかるか 154

第4章 ビフォーコロナからの宿題② マンションの終末期問題

1 はじめに 158
2 所有者不明マンション問題 162
●マンションにおける所有者不明物件 162

●財産管理人による処分の可能性 163
●利用権設定のアイディア 165
●放棄の一般ルールの必要性 166
3 強制解体と解体費用積み立ての仕組み 168
●日本マンション学会の提案 168
●解体費用積み立ての仕組み 170
4 戸建ての空き家との比較 172
●解体費用の強制徴収 172
●放棄の一般ルール 173
5 おわりに 175

第5章 ビフォーコロナからの宿題③ タワーマンションの行く末

1 はじめに――供給過剰を考える3つの視点 180
2 タワーマンション需給の構造 182

3 まちづくりの中でのバランス(1)──地域のキャパシティ不足──185
4 まちづくりの中でのバランス(2)──都心部への人口集中──187
5 住まいとしての持続性──190
●修繕積立金不足と中古価格値崩れの可能性　190
●高くない定住意向　193
●コミュニティ形成についての認識不足　195
6 おわりに──196

第6章　コロナ禍がもたらすまちづくりの変化とは

1 テレワークによって住む場所の制約はなくなるのか──200
●評価の定まらないテレワーク　201
●問われるオフィスの役割　203
2 コロナ後のまちづくり──205
●オフィスの都心脱出は限定的　205

●今後のまちづくりに必要な要素 207
3 コンパクトシティ政策 209
●コンパクト化の必要性 209
●立地適正化計画の策定状況 210
●コンパクトシティ政策の事例 211
●公共交通の選択肢 212
●コンパクトシティ政策の今後とコロナ禍の影響 214
4 エリアマネジメントおよび人の呼び込み 215
●エリアマネジメントの必要性 215
●エリアマネジメントの事例 216
●エリアマネジメントの今後とコロナ禍の影響 219
5 マネーの呼び込み――クラウドファンディング 222
●鯖江市の先駆的取り組み 222
●マネー呼び込みの今後とコロナ禍の影響 224

6 コロナ禍とまちづくりの今後 225

終章 所有から利用へ ――新たな仕組みの萌芽

1 人口減少時代の住宅・土地制度 230
●解体費用事前徴収の仕組み 230
●有料で放棄できるルール 232
●人口減少時代の住宅・土地制度 233
●住宅以外にも同じ仕組みが必要 234

2 今後の住まい選び――取得後の出口があるかどうか 236
●土地神話の真の崩壊 236
●ケアレジデンスに住み替え可能なマンション 237
●戸建ての「返せる所有」 239
●所有することの呪縛からの解放 240
●中古としての価値が保たれる物件とは 241

●今後の住まい選び　244

【付論】空き家を増えにくくするもう一つの方法
——解体やリサイクルのしやすさを考慮した住宅供給——　245
●普及道半ばの長期優良住宅　245
●解体やリサイクルのしやすさをあらかじめ考えるという発想　248

■参考文献——251

序章　アフターコロナの都市と住まい

テレワークの普及と分散化の流れ

新型コロナウイルス（COVID-19）の蔓延は、感染防止のため人々が集まること、移動することの自由を制限し、そうした制約が住まいや都市のあり方に影響を与えつつある。

仕事面では、オンライン、リモートでできる部分はそれによって代替され、自宅が仕事の場となった。

テレワークは、これまでも仕組みとしてはあったものの、ごく一部の利用にとどまっていた。

しかしコロナ禍で、否応なくテレワークに移行せざるを得ない状況となり、当初はこれで仕事ができるかについて半信半疑であったところ、やってみると意外にもかなりそれで済むことがわかった。

その結果、これまで通勤のために費やしていた時間は何であったかと考えさせられることになった。テレワークで十分代替できるとわかったケースでは、新型コロナウイルスが収まったとしても、普通の働き方として定着していく流れとなっている。

内閣府の新型コロナウイルスを受けた生活意識の変化に関する調査によれば、テレワークを全国で34・6％（東京都区部55・5％、地方圏26・0％）が経験し、通勤時間は東京23区で

図表序-1　テレワークの実施による「通勤時間の希望」の変化

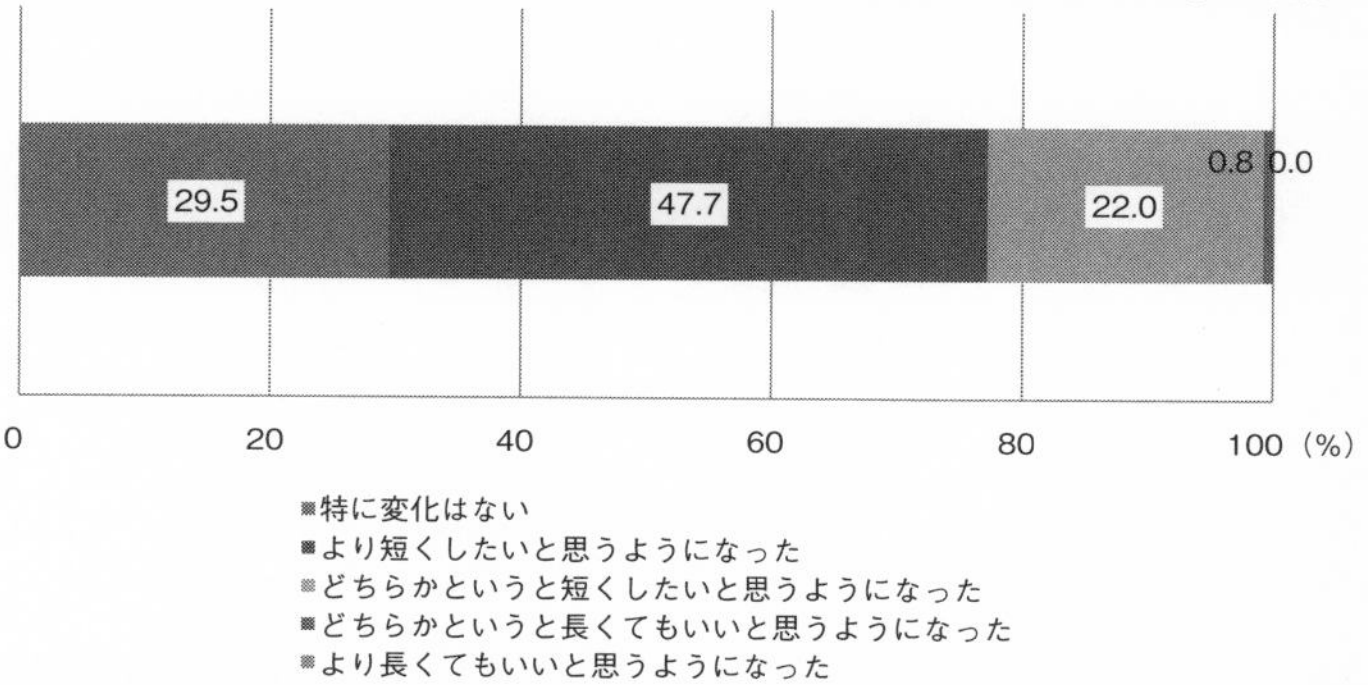

（出所）　学情「テレワークの導入で20代は『郊外移住』より『通勤時間の短縮』を希望する傾向！」2020年5月

（注）　1. 20代専門転職サイト「Re就活」へのサイト来訪者が対象。有効回答542名。

2. 調査期間は2020年5月13日～18日

56・0％の人が減少し、うち72・7％がその減少を保ちたいと回答した（**図表序-1**）。

常時出勤の必要がなくなれば、通勤の便を第一に考えて住まいを選ぶ必要性は乏しくなり、また、雇う側も全員が出勤する前提でオフィススペースを確保しておく必要はなくなる。

実際、ＩＴ系などの企業ではオフィススペースを削減したり全廃したりした例もある[1]。

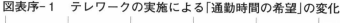

一方、働く側では、テレワークでどこにいても働けることから、通勤の利便性を考えて確保した住まいを引き払い、郊外や地方、リゾート地などに転居する例も出ている[2]。

大企業の場合は、オフィススペース全廃まで一気に踏み込むのは難しいと思われるが、今後、何年かかけてオフィススペースを半減させる計画を立てた企業も出てきた(3)。また、テレワークを通常の勤務形態とし、これまで地方事業所から本社への転勤で単身赴任していた人についても、単身赴任をやめて地方に住んだまま本社の仕事をリモートでできるようにした例もある(4)。

このように、仕事が場所に制約されなくなると、住む場所の自由度が高まる。むろん、こうした事例はまだごく一部にすぎず、現時点では、今後、一般化するとまでは言い切れない。

しかし、こうした動きは、近代化の過程で東京を初めとする大都市への人口集中で経済の効率性を高めてきた流れに、一石を投じるものとなっている。

大都市に集中することで確かに効率性は高まったが、居住環境が犠牲になることは少なくなかった。大都市で職場近くに住居を確保しようとする場合、高額・狭小となり、手頃な値段で広い住まいを確保しようとする場合、郊外から長い時間をかけて通勤せざるを得なかった。

しかし、テレワークによって仕事をする場所の制約がなくなれば、もはやこうした職住分離型の都市構造は必然ではなくなる。

職場は、オフィスという物理的空間にあるのではなく、サイバー空間上にあり、そこに人々が集うことで仕事は進んでいく。

近代化の過程で進んだ職住分離は、生活と仕事が自らの住まいで完結する職住一体の形に変わっていくことになる。

◎逆に都心居住志向が強まる流れも

こうした流れがある一方で、逆の動きもある。

通勤が不可欠なケースでは、通勤途上での感染の機会を減らすため、職場近くへの居住を奨励・支援したり(5)、自転車通勤や自動車通勤を認めたりする例もある(6)。

これは、生活する場と働く場が空間的に隔絶しすぎている状況を改善したり、住まいと職場をよりダイレクトに結びつくようにしたりすることで、職住が近接した状況にしようとしている例である。

近年は、タワーマンションや戸建ての供給増加で、都心部で職住近接を実現する都心居住の人気が高まっていたが、今後もサイバー空間上で完結できる仕事は一部にとどまるとすれば、都心居住の人気は簡単に衰えそうにない。

むしろ、通勤が必須またはある程度必要なケースでは、都心居住は通勤時間短縮や自転車通勤が可能になるというメリットが大きい。

先に紹介した内閣府の調査では、地方移住への関心は東京都区部の20歳代で、35・4%が

図表序-2　コロナの経験によって生じた意識・行動の変化

働き方改革

職業の選択（東京圏）

	20歳	40歳	50歳
将来の仕事・収入を思考	50.4%	30.9%	25.5%
副業を検討	17.6%	9.0%	6.8%

少子化対策・ワークライフバランス

家族と過ごす時間

増加	70.3%
うち増加を保ちたい	81.9%

家事・育児の夫婦の役割分担

夫の役割が増加	26.4%
妻の役割が増加	16.7%

通勤時間の変化

	23区	地方圏
減少した	56.0%	27.9%
うち減少を保ちたい	72.7%	70.9%

テレワーク実施率

全国	34.6%
23区	55.5%
地方圏	26.0%

東京一極集中是正

20歳代の地方移住への関心

	23区	東京圏
高まった	35.4%	27.9%

テレワークの課題

社内の打合せの改善	44.2%
ペーパーレス化	42.3%
社内外の押印文化の見直し	31.6%

労働生産性

減少	47.7%
増加	9.7%

小中学生のオンライン教育

	23区	地方圏
受けている	69.2%	33.9%
受けていない	29.2%	63.8%

デジタルガバメント　DX　生産性向上　人材育成・教育

（出所）日本経済研究センター「コロナ危機と闘う 感染防止と経済成長の両立、デジタル技術が中核 西村経済再生相に聞く」2020年6月24日

（注）原資料は、内閣府「新型コロナウイルス感染症の影響下における生活意識・行動の変化に関する調査」2020年6月21日

高まったと回答していた。

しかし、だからといって実際に移住に踏み切ろうとしているわけではなく、むしろ、テレワークを経験したが故に、これまでの通勤時間に費やしていた無駄に気づき、より通勤時間を短くしたいとの志向が高まっているとの調査結果もある。

人材情報会社の学情が行ったアンケート調査では、テレワークを実施している20歳代は、今後の希望の通勤時間について7割が短くしたいと答えた（**図表序-2**）。テレワークを実施していない20歳代の短くしたいとの回答が4割であったのと比較して、かなり高い割合であった。

テレワークを実施している20歳代の通勤時間を短くしたい理由としては、「自由に使える時間で通勤時間に負担を感じた」が

多かった。

これは、テレワークを実施したことにより、夕食の準備をする時間を確保できたり、自宅での自由時間が増えたりしたことで、平日の就業後の時間も充実させることができると気づき、その結果として、出勤する場合でも就業後の時間を有意義に使うため、通勤時間を短くしたいとの志向が高まったのではないかと学情は分析している。

希望の通勤時間は平均で、テレワーク実施者29・3分、未実施者29・9分と大差はなかったが、45分以下と回答した割合はテレワーク実施者73・5％、未実施者66・4％と差が出た。

完全にテレワーク化できるとすれば、郊外や地方への移住も含め住む場所の制約はなくなるが、そうではなく週のうちのある程度は出勤しなければならないとすれば、その便も考えて住まい選びをする状況はあまり変わらないことになる。

それどころか、この調査結果は、テレワークの経験により、通勤時間がなくなることによる生活充実のメリットを強く感じたことで、職住近接で通勤時間を縮めたいとの志向が強まっていることを示している。

これは、出勤する回数が減少すれば、通勤時間が苦にならなくなることで、都心よりも郊外居住の人気が高まるとの見方とは異なる。

所有優先から利用優先へ

特に20歳代では、就業後時間の充実やプライベートでの利便性を考える人が多いと推察され、このような結果が出たと考えられる。

より高い年代の子育て層であれば、たとえば週1回程度の出勤で済むのであれば、郊外の広い戸建てでのびのびと子供を育て、普段はそこでテレワークするという選択肢も浮上してくると思われる。

また、子育てが終わった後であれば、山や海近くのリゾート地などでテレワークするという選択肢も有力になるかもしれない。さらに最後は、高齢者向け施設やホームで過ごすといった具合である。

様々な選択肢が考えられるとなると、今後は、住まいと働く場所はライフステージに応じて自由に変えていくという発想が広がるかもしれない。

そうすると、いったん取得した住宅に、住宅ローン返済とともに一生縛られるという、現在の所有優先のスタイルは、あまりスマートではないと考えられるようになる可能性も出てくる。

実際、近年の調査を見ると、持ち家志向は低下する傾向にあったが（**図表序-3**）、これに

図表序-3　今後の住み替えの意向

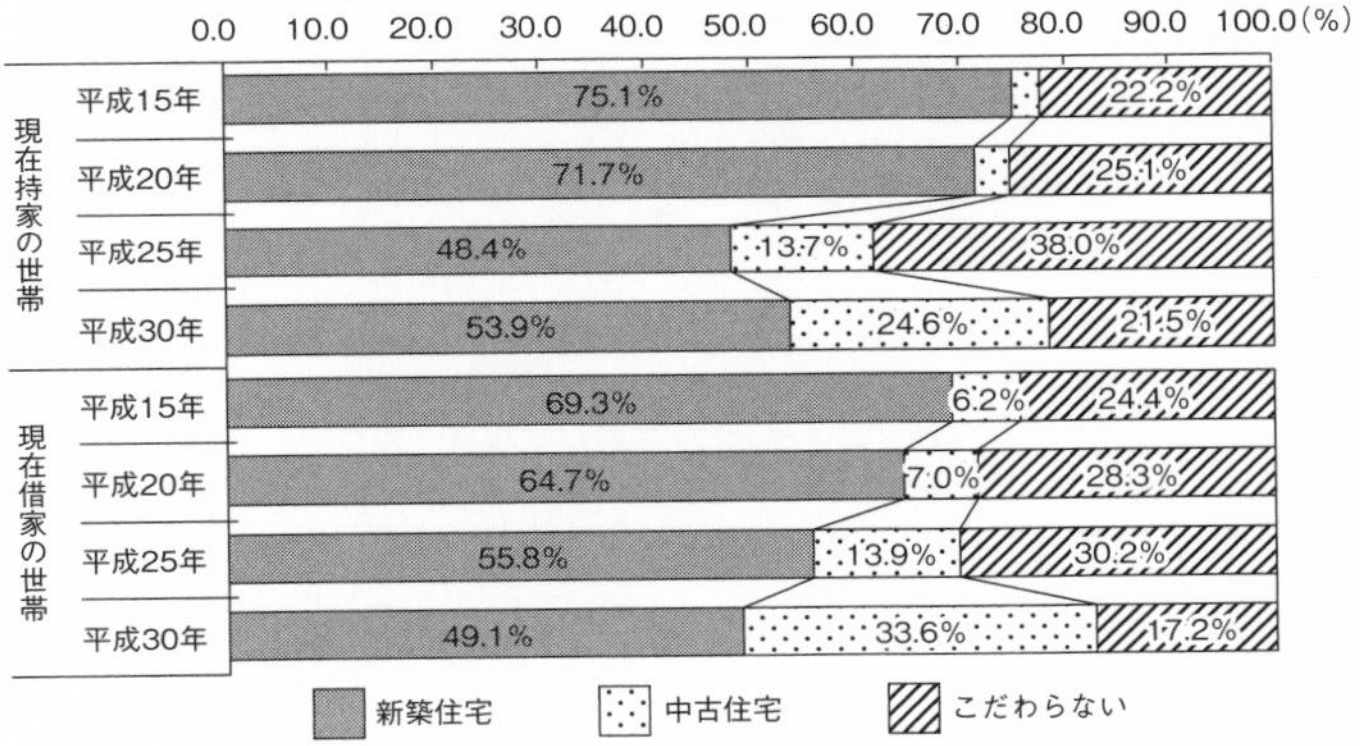

（出所）　国土交通省「2018年住生活総合調査」

拍車がかかる可能性がある。

しかし、こうした傾向とは裏腹に、２０００年代に入ってから、若年層を中心に持ち家率は上昇を続けてきた。

40歳代以上の持ち家率には大きな変化はなかったが、30歳代の持ち家率は２００２年の48％から２０１９年には66％に上昇した（２人以上、勤労者世帯、総務省「家計調査」）。

この間の住宅ローン金利の低下や住宅ローン減税の拡充、さらに若い世代は共働きが多く収入面でも住宅を取得しやすいことなどが、持ち家取得を後押ししたと考えられる。

若い世代の間では、共働きで忙しいなか、通勤時間を節約し、家庭での時間のゆとりを持つため、職住近接を実現する都心物件の人気が高かった。

したがって、今後、テレワークがさらに広がるにしても、夫婦2人ともほぼそれで済むという状態にならない限り、住宅を取得する場合でも都心物件の人気は変わらないかもしれない(7)。

ただ、取得する場合でも、その後の仕事や生活の変化にも対応できるよう、いったん取得した物件に縛られることなく、売りたいときに確実に売れる物件、つまり価値を保ち続ける物件を取得したいとの意向が強まっていく可能性は考えられよう。

これは、所有はするもののそれがゴールではなく、それが次の住まいに移るための足がかりとなるよう、所有した物件のその後の市場価値に重きを置くという点で、広い意味では利用優先の考え方と位置づけることもできる。

職住近接の手段

これまで述べてきたように今回のコロナ禍は、これまでの職離分離の構造に影響を及ぼす可能性がある。

ここで首都圏における居住地と就業地の関係を見ておくと、居住地と就業地の場所がわかっている就業者1、450万人のうち(「2015年国勢調査」)、「郊外に住んで都心に通勤する」が270万人(19%)、「都心に住んで都心で働く」が450万人(31%)、「郊外に住んで郊外で働く」が690万人(48%)、「都心に住んで郊外で働く」が40万人(3%)となっている(8)。

郊外に住んで都心に通勤する人は2割で、実は都心での職住近接や郊外での職住近接の方が割合としては多いが、たとえば子育て期に郊外に家を買い、長い時間かけて都心に通勤するというようなケースや、元々住んでいるところが都心から離れているようなケースが首都圏では少なくなく、そうした場合の通勤時間の長さがかねてから問題視されてきた。

今後の変化の可能性としては、職住が分離していた場合で、仕事を完全リモート化できる場合は居住地の空間制約がなくなってより分散しやすくなる可能性、逆に今後も出勤が必須あるいはある程度必要な場合は、より物理的な職住近接を求め、都心居住を志向する可能性がある。

その中間的な形態としては、たとえば、必要な場合は都心の賃貸物件から通勤し、そうでないケースでは郊外の持ち家でテレワークするというような選択も考えられる。

これらはいずれも、それぞれの形での職住一体化ないし職住近接を実現するという共通項を持つ。コロナ禍によって、単純に分散が進むという話ではないと考えられる。

もっとも、職住近接を実現するためには、そもそも働く人々が近くで住まいを確保しやすいような立地に働く場を設けることも一つの解となる。企業の地方移転は、その一つの手段である。

コロナの感染リスクは、人口が密集している都市部ほど高かったことから、コロナ禍は、業務の中枢機能を一極集中させていることのリスクを改めて露見させた。

中枢機能を複数の拠点で担える態勢を整えることで、地方において感染リスクや、他に災害リスクなど都市部が抱える様々なリスクを避けつつ働きたいという人々を取り込むことができれば、それは一つの方向性となり得る。

こうした動きが進展すれば、企業立地の分散という側面から、地方における職住近接が実現することになる。

もともと都市部に比べ地方では職住は近接しているが、企業立地の分散が進めば地方の雇用吸収力が高まり、より職住が近接した環境で働ける人が増えることになる。

実際、ＩＴ系の企業で本社の地方移転、東京のオフィス閉鎖に踏み切った例もある(9)。

住宅・不動産業界の新たな需要開拓

コロナ禍の下での住宅、不動産業界の取り組みとして、テレワーク対応としては、たとえば、間取りの中で小さくともワーキングスペース（書斎）を確保するようにしたり、後付けで押入れやクローゼットをデスクにリフォームできるようにしたり、テレワーク用にリビングなどに箱状やテント状の個室を設けたりする例がある(10)。

このほか、感染防止対策として、タッチレス水栓を使用したり、特殊なフローリングや壁紙を使った光触媒で細菌やウイルスを低減できるようにしたりするなどの動きが出ている(11)。

テレワーク用の物件・スペースとしては、コロナ禍で需要減少が著しいホテルや民泊、カラオケボックスなどを転用する動きもある(12)。

賃貸物件やリゾート物件などをテレワーク用に紹介する例もある(13)。

そのほか、自然豊かな観光地などで仕事をしつつ休暇も楽しむワーケーション用の物件を供給しようとする動きもある(14)。

全国のシェアハウス数十軒を、定額で住み放題というサービスはコロナ以前からあったが、コロナ後のテレワークの普及で関心が高まっているという(15)。

他方、賃貸マンションでは、共用部分にワーキングラウンジを設置する例もある(16)。住まいとは別のテレワーク用やワーケーション用の物件・スペースを確保する動きが広がれば、空き物件の活用や新規の物件開発の可能性が広がることになる。

このように、仕事のオンライン化、リモート化の進展は、住居にオフィスの機能を付加させるほか、自宅以外のワーキングスペース需要を喚起することで、物件活用の可能性を高めつつある。

このほか、テレワークが広がりオフィスが縮小・全廃されれば、オフィス需要は減少するが、ほぼテレワーク化し、週1回だけ通勤が必要といった企業向けに、特定の曜日だけ借りられるオフィススペースを提供する不動産業者も登場した(17)。

こうした貸し方で、各社から得られる月額使用料の総額が、1社に常時貸す場合の月額使用料を上回るようになれば、有望なビジネスとなり得る。

もっとも、コロナ禍は、オフィスの需要減少をもたらすばかりでなく、需要増加をもたらす要因ともなり得る。

オフィス内でソーシャルディスタンスを保とうとすれば、必要なオフィス面積は増すことになる(18)。

一方、働き方改革やオフィススペースの有効活用の一環で導入されたフリーアドレス制も、不特定多数者が席を共有するため、感染者が出た場合の濃厚接触者を特定しにくくなるデメリットがあり、元に戻したいと考えればオフィススペース需要増加の要因になる。

オフィスに関しては、企業がこれまで都心に集中させていたオフィスを分散させ、従業員の住居近くの立地に、サテライトオフィスやコワーキングスペースを確保する動きを活発化させれば、郊外でのオフィス需要が増す可能性がある(19)。

一方、今後もオフィスを維持する場合は、その意味が問われることになる。

近年、先進的なオフィスとして注目を集めた一つの例は、IT企業で超高層2フロアのうち、4分の1をレストランに充てたというものであった(20)。

経営者が腕利きのシェフを探し出してきて、手ごろな値段でおいしい料理を提供し、従業員がそこに集い、同僚と色々な話をする。オフィスをリアルなコミュニケーションを行い、様々な発想を生む場として設計するという思想である。

オフィスは単なる事務作業の場ではないという考え方で、事務作業や定型的コミュニケーションならばリモートでどこでもできるような環境になった現在、あえてリアルで集まって働く場合の、その空間の意味、果たすべき機能が問われるようになりつつある。

空間の果たすべき役割、機能の再定義

テレワークが普通に行われるようになると、住宅にオフィスの要素が入り込んでくることになって、そうした機能を取り込んだり、また、オフィスや自宅とは別に働く場所への需要が高まったりしていることについて述べてきた。

自宅がオフィスにもなる場合、これまで都心のオフィスで働き、そこへの往復途上も含めて、食事や買い物、娯楽、スポーツなどを楽しんできた生活が、自宅とその近隣で代替されるような生活に変わる。

その場合、自宅兼オフィスとして住む場所としては、近隣でそうした欲求が満たされる場所が好ましく、単に寝る場所でいいということではなくなる。

こうした考え方に基づくと、まちとしての楽しみもある場所が、住む場所として選択され

るようになっていく可能性がある。

オープンスペースの存在も重要になる。

新型コロナウイルスの蔓延で、世界の各都市でロックダウンが行われるなか、息抜きや軽い運動などを行う場所として、公園や緑地の存在がクローズアップされた。

アメリカ・ワシントンDCの世界資源研究所（WRI）は、新型コロナウイルスが今後の都市計画に与える影響として、①水道、医療などコアサービスの利便性、②手ごろで安全な住まい、公共空間へのアクセス、③水辺、森林、公園などのオープンスペースの充実、④エネルギー供給や交通網、食糧生産などで都市と地方を一体的に考える必要、⑤ビッグデータを活用した意思決定を行うための都市単位のデータ整備の5つが重要になると指摘しており(21)、このなかでもオープンスペース充実の必要性が指摘されている。

オープンスペースの重要性については、たとえばドイツのある典型的な都市（バイエルン州エアランゲン市、人口11万人）において、外出制限下で単独でのジョギングや散歩の場としてオープンスペースが力を発揮したことが報告されている(22)。

同市の土地利用は、スポーツ・余暇・レクリエーション用3・3％、緑地1・7％、森20・6％で、森は都市を囲うように居住地と連結して広がっており、普段から自転車が走り、ジョギングや散歩をする人が行き交う場となっている。ドイツのまちづくりでは、早くからこうした空間の重要性が認識されてきた。

以上述べてきたように、コロナ禍はこれまでの住宅やオフィス、店舗、オープンスペースの使い方や意味を改めて問い直し、それぞれが果たすべき役割、機能の再定義を迫っている。

こうしたなかで、従来は不要と考えられたり評価されにくかったりしてきた、住宅内のワーキングスペース、あるいは家の近所の飲食店や公園の価値が評価されていくことになる。

●スマートシティによる感染症対策

コロナ禍は、今後の都市整備において、感染症に強いという機能も付加しようとの機運を高めている。

ＩＴなどテクノロジーを活用したまちづくりとしては、かねてからスマートシティが推進されてきた。

スマートシティの取り組みは２０００年代以降にさかんになったが、当初は新たなエネルギーシステムの導入に主眼がおかれていた。

近年、急速に広がっている取り組みは、あらゆるものをインターネットでつなぎ（ＩｏＴ）、収集したデータをＡＩで分析し、エネルギーや交通など各種インフラの利用、医療・福祉サービスの提供、防犯対策、災害時避難などの最適化を図り、都市における生活のより高い利便性、快適性、安全性の実現を目指すものである。

感染症対策では、たとえば、場所や時間ごとの混雑具合を分析して密を避ける対策を取ることなどが考えられる。

政府は、ＡＩやビッグデータを活用した最先端都市を「スーパーシティ」と呼び、その実現に必要な規制緩和を促す改正国家戦略特区法を２０２０年5月末に成立させた。スーパーシティで想定される最先端技術としては、たとえば、自動運転、ドローンによる自動配送、オンライン診療、キャッシュレス決済などがあり、特区に指定されれば複数分野にまたがる規制を一括で緩和できるようになる。２０２０年内にも5か所程度が選定される予定である。

大阪府市は特区指定に名乗りを上げる意向であるが、感染症対策への応用例としては、カメラやセンサーを組み込んだスマートミラーを通じてＡＩが自動で検温するなどして体調をチェックし、異常があれば遠隔医療手続きや薬のドローン配送などで対応するような姿を描いている(23)。

こうしたサービスを行う核となるのが、個人や企業から集めたデータを、各サービスを行う事業者に提供する「データ連携基盤」で、このシステムに個人情報を含む各種データが集約される。

ただし、個人情報の取扱いには懸念が強く、法案採決時には個人情報保護の徹底などの付帯決議が採択された。

る。かつ全体の利益のため、それを活用するのかのバランスの取れた設計が求められることになるスマートシティ、スーパーシティの推進に当たっては、今後、どこまで個人情報を守り、

感染症対策での極端な形としては、健康状態や体調を常に監視し、問題があれば管理・隔離するといった形で技術を使うことも可能である。

日本ではそこまで許される環境にはないが、中国は都市における監視を基本とするデータ活用について国際標準化を図ろうとしており、２０２０年4月にＩＳＯ（国際標準化機構）に対し、個人の行動データを事前に把握し、それを活用して感染症対策を進めるプラットフォームのあり方を提案した(24)。

監視型社会に対する先進国などの抵抗感は強く、たとえば、グーグルの兄弟会社サイドウォークラボが参画したカナダ・トロント市のスマートシティ開発計画は、コロナ後の経済不透明化に加え、個人情報保護への懸念から住民が反発したこともあり、計画の中止を余儀なくされた。これはスーパーシティの推進に当たり、内閣府が先行事例として紹介していたものであるが、実現は容易でないことが示された。

今後、中国の監視型社会モデルが何らかの形で標準化された場合の影響は大きいと考えられ、日本を含む先進国の迅速な取組みが問われる段階に入っている。

●受け皿としての郊外・地方都市の基盤強化

人口が集中する都市部は3密が常態化しており、それが感染リスクを高めているが、やはり従来からの課題であった分散型の都市構造に変えていくことが必要だとの認識も高まっている。

日本の人口は、3大都市圏のほか、札幌、仙台、広島、福岡など各ブロックの少数の中心都市への集中度が高い構造となっているが、これに対し、たとえばドイツでは、大規模都市も存在するものの、中小規模の都市も散在する「多極集中」の都市構造となっており、こうした構造がコロナによる死者数が相対的に少ない一因になっているとの指摘もある(25)。

今後の日本の都市構造の変化のイメージとしては、「分散型システム」(26)や「低密度居住社会」(27)、「20世紀型『大箱都市』の終焉」(28)などが提唱されている。

集中から分散への流れは、先に述べたように、テレワークの普及により、働く場所の自由度が高まった現在は、放っておいてもある程度は自然に進む可能性が出てきている。

ここで問題になるのは、郊外や地方都市の都市基盤の脆弱性である。

高度成長期には人口が増え、まちを広げた郊外・地方都市も現在は人口減少が著しく、人口増加に対応して造られたニュータウンや新たな住宅地は高齢化が進んで空き家・空き地が目立つようになり、また、古くからのまちである中心市街地は空洞化が進み、人通りが少なく活気が失われた状態にあるというのが、典型的なまちの衰退パターンである。

これら都市が、人々の生活や仕事の新たな受け皿となるためには、都市としての基盤を再構築し、魅力を高めていく必要がある。

都市基盤強化の取り組みの1つが、現在、各地で進められているコンパクトシティ政策である。

中心部への投資と人口誘導によって、公共交通機関と徒歩で暮らせる魅力的なまちを造るとともに、郊外からの撤退を緩やかに進めることでインフラ更新費用を削減し、財政立て直しも図ろうとするものである。

働く場所の制約が技術的に小さくなった今、そうした人々の受け皿となるためには、まちの魅力を高めていくことがより一層重要になっている。

分散推進策としては、自民党の有志議員が「社会機能の全国分散を実現する議連」を2020年6月に発足させるなど、首都機能移転の論議が再活性化する兆しがある。

1990年に衆参両院が首都機能移転を決議して90年代には移転論議が盛り上がり、橋本首相時代の96年には複数の移転候補地が示された。

しかし、その後の議論は進まず、省庁の地方移転が行われたのは総務省や消費者庁のごく一部にとどまり、全面移転として計画が進められているのは文化庁の京都移転のみである。

首都機能の分散は、東京の過密解消のほか、大災害で一度に機能不全に陥る事態を防ぐ狙いもあったが、今回の新型コロナウイルスの蔓延により、感染症拡大もそうした事態を招きかねないリスクとして強く認識された。

ターゲットを絞った人材呼び込み

まちとしての魅力を発信、アピールすることによって、移住者やテレワークなどの一時的滞在者などを受け入れようとする自治体は以前から多かったが、働く場の自由度が高まるなか、人や企業を誘致できる可能性がより高まっている。

テレワーク人材については、たとえば、北海道の北見市や斜里町などが積極的に受け入れてきた（総務省「ふるさとテレワーク実証事業」、全国15か所が採択）。

斜里町のテレワーク拠点「しれとこらぼ」は2015年開業で、首都圏の大手企業などで働くテレワーカーの滞在を受け入れている。北見市はテレワーク拠点として、「サテライトオフィス北見」を2017年にオープンさせたが、出張などで利用する人が年々増え、2019年度の利用者はのべ3,000人に達した。和歌山県白浜町のように、この事業をきっかけにIT企業の誘致が進んだケースもある。

IT人材、IT企業については、神戸市が六甲山の企業保養所などの遊休物件への誘致を進めようとしている(29)。

六甲山はかつて「西の軽井沢」と呼ばれ、200を超す企業保養所などが建てられたが、今も使われているのは50あまりにすぎない。従来、六甲山でのオフィス立地は規制してきたが、2019年12月に開発基準を緩和し、改修費用として最大1,350万円、建て替え費用として最大3,000万円を助成する仕組みを設けた。

移住者などの呼び込みについては地域で求める人材をあまり絞り込まず、広く呼びかけるケースが依然として多いが、これらの例は、テレワーク人材やIT企業などターゲットを絞り込んで呼びかけ、そうした人材の受け入れを地域活性化の起爆剤にしようという取り組みである。

今後は、働く場所の制約のない人々や企業の誘致をめぐる地域間競争が激しくなっていくことが予想される。

本書で扱う課題

本書においては、ここまで述べてきたアフターコロナの各種課題のうち、働く場所と住む場所の流動化が進むなかで必要と考えられる、受け皿としての郊外・地方都市の基盤強化の方策、および移住者を受け入れていくための方策にまず焦点を当てる。

具体的には、これまでも進められてきたコンパクトシティ政策、また、やみくもに移住者を募るのではなく、テレワーク人材やＩＴ企業などターゲットを絞って重点的に受け入れようとする施策について考察する。

すでに様々な取り組みを紹介したように、アフターコロナでは人々が仕事やライフステージに応じ、働く場所と住む場所を柔軟に変化させていく可能性が高まることで、物件の活用可能性が広がっていくと考えられる。

自宅以外のワーキングスペース確保や多拠点居住が進めば、それだけで人口減少下でも物件需要が増す要因になる。

また、その時々で最適な物件を利用するため、所有することにこだわるよりは、利用優先の考え方がより根付いていく可能性もある。

ここで問題にしたいのは、これまでまちを広げつつ、大量に供給されてきた住宅（戸建て、分譲マンション、賃貸住宅）の後始末の問題である。

戸建て、分譲マンションは多くの人々の所有欲求に応えてきたが、立地や構造面で次の世代に引き継ぐことが難しいものも多く、空き家問題の深刻化に象徴されるように、近年は負の遺産としての側面が強くなっている。

賃貸住宅は地域の賃貸需要に応えること以上に、オーナーが所有することで節税対策の効果を狙う意味合いが強くなりすぎてしまったことで、必要以上に供給される結果となった。

これも放っておけば、まちにとって負の遺産となりかねない。

コロナ禍を契機に働く場所と住まいの多様性が高まり、これまで大量供給された物件の新たな活用可能性は出ているとはいえ、もはやその可能性も期待しにくい負の遺産を誰がどのように処分するかは、物件老朽化と人口減少が進むなか、より一層深刻な問題になっていくと考えられる。

これらの課題は、アフターコロナに対応する前向きな課題というよりは、ビフォーコロナからの宿題ともいえる。

本書では、これら問題のうち、賃貸住宅の供給過剰問題、分譲マンションの終末期問題、タワーマンションの行く末の3つについて検討する。

アフターコロナのまちづくりにおいては、新たな住人を受け入れるための都市基盤を整備し魅力を高める一方で、負の遺産となるような物件はできるだけ残さない仕組みを構築することで、まちとしての持続性を高めていく必要がある。

これは従来から必要な課題ではあったが、コロナ禍が時計の針を進め、より一層の取り組みを求める流れになっていると考えられる。

そうした中では、人々の価値観も、所有優先から利用優先になっていく可能性があるが、それに応えるような新たな仕組みも登場している。そうした動きを手がかりに、アフターコロナにおいて、住宅・不動産に対する考え方がどのように変わっていくか、あるいは変えていくべきかについて最後に考える。

次章以降の構成は以下の通りである。

第1章、第2章では、アフターコロナの課題として、コンパクトシティ政策を通じた郊外・地方都市の再生、および移住者呼び込みの方策についてそれぞれ論ずる。

第3章から第5章までは、ビフォーコロナからの宿題として、賃貸住宅の過剰問題、マンションの終末期問題、タワーマンションの行く末のそれぞれについて検討する。

第6章では、第5章までの議論を踏まえつつ、アフターコロナの都市と住まいについて、筆者は現実にはどのような方向に向かう可能性が高いと考えているかについて述べる。その上で、筆者が重要と考えるまちづくりの要素がコロナ禍でどのような影響を受けるかについて考察する。

終章では、所有優先から利用に転換する新たな仕組みと今後について展望する。

（1） 電力比較サイトのＥＮＥＣＨＡＮＧＥ（東京都千代田区）は、東京・大手町の本社オフィス面積を4割減らした（『日本経済新聞』２０２０年7月10日）。テレワークと週1～2回の出社を組み合わせた働き方で、従来の広さは必要ないと判断した。
早くからオフィスを持たなかったり全廃したりした企業としては、次のような例がある（『読売新聞』

2020年6月1日)。ゲーム制作会社「COCO」(横浜市)は、社長以下アルバイトまで15人全員が在宅勤務であるが、2012年の創業時にメンバーに大阪在住者がおり、起業資金節約の目的もあってオフィスなしで創業して以来である。こうした働き方が、子育て中は家で働きたい、体調を崩しやすい、満員電車が苦手など様々な事情を抱えた人の目に留まるようになり、人材確保で武器になると感じているという。ソフトウエア開発「ソニックガーデン」(東京都世田谷区)は、地方で在宅勤務する社員とオフィスで働く社員との間でコミュニケーションが少ないという問題を解決するため、働く環境を揃えることとし、全社員約40人の在宅勤務を打ち出し、都内のオフィスは2016年に廃止した。その代わり、合宿や家族同伴の社員旅行などの形での直接交流の機会を大切にしている。

一方、秘書や経理といった管理部門を遠隔で請け負う「キャスター」(宮崎県西都市)は、全国にいる約700人の従業員のほとんどがリモートワークである(『日本経済新聞』2020年6月25日)。採用はビデオ会議で決まり、入社後も出社の義務はない。従業員の多くは全国に散らばる主婦で、自宅やカフェ、旅行先など最適な場所で働く。対面なしで経営し、全国に従業員を雇うモデルが成り立つと示す必要があるとの信念があり、社長は長崎県にいる最古参の従業員とも会ったことがないという。2014年創業で、コロナ禍前から会話はチャット、飲み会はビデオ会議システムのZoomを活用し、コミュニケーションでも困ったことはないという。昨今は在宅勤務でのストレスも指摘されているが、これに対しては、在宅勤務とリモートワークは別で、自分に適した働き場所を選べばいいという考え方である。

(2) システム開発会社「ジョイゾー」(東京都江東区)は、社員15人全員がテレワークできることになり出社が不要となり、本社は東京に残すものの、社員の地方移住を認めている(『毎日新聞』2020年7月4日)。これにより、神奈川県在住の20代のエンジニア男性は、家族で大分県への移住を決めた。IT

企業「ランサーズ」（東京都渋谷区）はコロナ禍後のテレワークの浸透で出社人数は1割程度に減り、テレワークを前提とした地方採用も始めたが、これを機に出身地への移住を検討している社員もいる（27歳、営業職、仙台市への移住を検討）（『毎日新聞』２０２０年6月14日）。ソフトウエア開発会社「フラー」（千葉県柏市）の社長は２０２０年6月初めに出身地の新潟県に移住した。同社は従業員約１００人のうち約80人が本社、約20人が新潟オフィスに勤務する態勢である。千葉に本社を置いたのは首都圏の取引先との打ち合わせの便宜を考えてのものだったが、コロナ禍後はほとんどがテレビ会議で済むことがわかり、社長は必要なときだけ千葉に出社することとし、新潟に移住した。

（３）富士通は、２０２０年7月9日、グループ会社を含めた国内のオフィススペース計約1、２００万㎡を約3年かけて半減させると発表した（『日本経済新聞』２０２０年7月7日）。在宅を基本とした働き方とし、オフィスの賃貸契約を一部解約して周辺のサテライトオフィスなどに集約する。

（４）カルビーは、２０２０年7月から、在宅勤務を含むモバイルワークを原則とし、従来、地方の工場勤務の従業員が東京本社に異動する際、単身赴任を余儀なくされるケースがあったが、7月以降は単身赴任を解除し、地方に住みながら遠隔で本社の業務を行うことも認めることとした（『日本経済新聞』２０２０年6月27日）。一方、大同生命は、２０２０年7月から、地方在住の社員が本社の業務を行うことを認める「どこでも本社」制度を開始した（『読売新聞』２０２０年6月18日）。第1弾として、夫の転勤で福島県に在住する女性社員が保険金・給付金の支払い業務を行う。保険金の支払い業務は個人情報を扱うことから東京本社と大阪本社に集中させていたが、コロナ禍で在宅勤務を拡大した際、情報管理を徹底すれば地方在住でも勤務可能と判断した。今後も家族の転勤や介護で本社勤務が難しくなった場合、地方在住での本社勤務を積極的に認めていく。

（5）　半導体製造装置のディスコは、職場から徒歩圏内への引っ越しや通勤用自動車購入にかかる費用を補助する仕組みを設けた（『日本経済新聞』２０２０年6月8日）。引っ越しでは、職場から４㎞圏内に引っ越して一定期間住み続ける条件で最大１００万円、自動車購入では、職場から２㎞以上離れた地域に住む自動車を持たない従業員に対し、50万円の購入補助金を支給する。これにより、感染症で公共交通機関を利用できなくなった場合でも、事業を継続できるようにする。

（6）　不動産会社「ＴＯＫＹＯ　ＢＩＧ　ＨＯＵＳＥ」（東京都新宿区）は、２０２０年2月下旬、社員に在宅勤務を指示するとともに、出勤が必要な場合は自動車通勤を勧めた。千葉県市川市からの通勤で電車では1時間半かかっていたところ、自動車では1時間に短くなった社員もいる（『朝日新聞』２０２０年6月26日夕刊）。保健同人社（東京都千代田区）は、コロナ禍で在宅勤務を促す一方、感染防止の一環で２０２０年3月から一時的に自転車通勤も認めることにした（『日本経済新聞』２０２０年5月２日夕刊）。

（7）　夫婦子ども１人（5歳）で、夫が品川区のＩＴ企業勤務で、コロナ禍後、ほとんどが在宅勤務で済むようになり、妻もそのような職場環境で、２ＬＤＫの家賃月23万円支払っているケースで（夫の職場まで30分以内の立地）、もはや都心にこだわる必要を感じなくなり移住を考えている例がある（『朝日新聞』２０２０年6月23日）。在宅勤務により自宅で過ごす時間が長くなり、なんで高い家賃で狭いところに住んでいるのかに疑問を感じ、移住を検討するようになった。移住先は新幹線が通る小田原や熱海が候補という。ちなみにこの夫婦は、ＩＴ企業「カヤックＬｉｖｉｎｇ」（神奈川県鎌倉市）が運営する移住支援サービス「ＳＭＯＵＴ」に登録しているが、このサービスの新規登録者数は２０２０年5月に最多の１、０８５人となり、6月はそれを上回り25日までで１、２１２人に達した（『日本経済新聞』２０２０年7月12日）。

(8) 出口(2018)による推計である。

(9) インターネット広告代理会社「アド・プロモート」は2020年5月、本社を東京都渋谷区から栃木県小山市に移した。2005年に創業者の出身地である小山市に本社を置いて設立し、ネット企業ならば東京に足場がないと相手にされないと考えから新宿区に支社を開き、2008年には本社を渋谷区に移した。しかし、コロナ禍で営業先や取引先も在宅勤務を導入するなか、高い賃料を払って渋谷区に本社を置く必要はないとの考えに変わり、本社を小山市に移転させた。約20人の社員の完全テレワーク化や小山本社への移動により、オフィス賃料や社員の交通費などの固定費は2~3割減った(『毎日新聞』2020年7月4日)。

(10) サンワサプライ(岡山県岡山市)の「プライバシーテント」は、広げると部屋の中に自分用のスペースを確保できる(『読売新聞』2020年5月18日)。

(11) ヤマダホームズは、室内の細菌やウイルスの低減機能を加えて注文住宅「NEXIS 抗菌+」を2020年6月に発売した。室内照明が当たるだけで、細菌やウイルスなどを水や炭酸ガスに分解、除去する「可視光型光触媒」を採用したフローリング材や壁紙を使用している。また、キッチンと洗面台には、センサーに手をかざすだけで水を出したり止めたりできる「タッチレス水栓」を導入している(『毎日新聞』2020年6月11日)。

(12) 東京都は、2020年6月に、テレワーク客を受け入れる宿泊施設を掲載したウェブサイト「HOTEL WORK TOKYO」を開設した。社員の仕事場所を探す企業に情報提供するとともに、利用者減少に悩む宿泊施設を支援しようとするもので、6月12日時点で約350施設が掲載されている(『読売新聞』2020年6月18日)。

民泊のテレワーク需要の取り込みとしては、民泊運営のＭＤＩ（東京都中央区）が、２０２０年5月に、ＪＲ蒲田駅近くのアパートタイプのワンルームをテレワーク仕様に変更した例がある（『日本経済新聞』２０２０年6月13日）。また、民泊運営会社「マツリテクノロジー」（東京都豊島区）には、コロナ禍後、親が高齢なので距離を取りたいといった宿泊需要のほか、家にネット環境がないのでテレワークに使いたいなどの需要が舞い込み、稼働率が普段の５割前後を上回る状況になったという（『朝日新聞』２０２０年6月30日夕刊）。

カラオケ店のテレワーク需要の取り込みとしては、東京、神奈川、千葉の56店舗で運営する「カラオケの鉄人」が、平日に開店から午後8時までに計10回利用できるプランを、２、９８０円（税抜、ドリンク飲み放題）で提供している例がある。住宅地に近い店舗では会社員らの利用が多いという（『読売新聞』２０２０年6月18日）。

(13)　家具付き賃貸物件を運営する「レジデンストーキョー」（東京都渋谷区）は、東京23区のビジネスエリア周辺で展開する約８００室のマンションをテレワーク向けに貸し出した（『日本経済新聞』２０２０年5月14日）。インターネットや仕事机などの環境が整えてあり、プリンターやウェブ会議用のヘッドセットも貸し出す。最短1か月から利用できる、大和ハウスグループのコスモスイニシアは、テレワーク用に適したリノベーションマンションを２０２０年3月に完成し売り出した（『日本経済新聞』２０２０年5月14日）。仕事用スペースが居間の隣に設置されている。転職・移住サポートの「きら星」（新潟県湯沢町）は、湯沢町のリゾートマンションをテレワーク用に紹介する取り組みを行っている（ＴＢＳ「Ｎスタ」6月26日）。

(14)　三菱地所は２０１９年5月から、ワーケーション用オフィスの提供を行っている（『日本経済新聞』

２０２０年６月22日夕刊）。また、神奈川県小田原市のキャンプ場「ＲＥＣＡＭＰおだわら」は、テレワーク需要を見込み、キャンプやテントスペースを貸し出すサービスを開始した（『日本経済新聞』２０２０年７月11日）。一方、企業側の奨励策としては、スマートフォンアプリの「メルペイ」が、リゾート地や海外など社員が好きな場所で働くことを認める制度を試験導入した（『読売新聞』２０２０年７月11日）。社内選考を通った若干名に対し、最大３週間働くことを認め、移動費や宿泊費を20万円まで補助する。

(15) 大手ＩＴ企業勤務人事部所属で恵比寿の賃貸マンションに住んでいた社員（26歳）が、コロナ禍で出社する必要がなくなったことから、定額で全国の契約物件（月額４万円からで全国60か所以上のシェアハウスを使用可能）に住めるベンチャー企業「ＡＤＤｒｅｓｓ」（東京都千代田区）のサービスを利用し、週１～２回の住み替えをしながら、関東中心に多拠点生活を送っている例がある。

(16) 川崎市の賃貸住宅「ネイバーズ武蔵中原」は、共用スペースにワーキングラウンジを備え、入居者はＷｉ-Ｆｉと電源を自由に使えるようになっている（『日本経済新聞』２０２０年６月20日夕刊）。２０１９年９月の完成時に入居した１人は、シェアハウスのように色々な人に出会えることを期待して選んだという。

(17) 不動産仲介など手掛ける「Ｐｉｃｔｏｒｓ ＆ Ｃｏｍｐａｎｙ」（東京都渋谷区）は、２０２０年６月、曜日で借りられるオフィスレンタルサービス「ＷＥＥＫ」を開始した。「４月の火曜日」など、１か月単位で曜日ごとに借りることができる。

(18) ファンケルは、１フロアに集約していたコールセンターの拠点を５フロアに分散させ、面積も広げた（『日本経済新聞』２０２０年７月10日）。感染防止のため、約２ｍの座席間隔を確保する。

(19) 野村不動産は、サテライト型シェアオフィスを２０２７年度までに現在の６倍の約１５０拠点に増やす計画である（『日本経済新聞』２０２０年7月10日）。ＪＲ横浜線町田駅や小田急線相模大野駅などの郊外に重点立地する。２０２０年２月時点の契約企業は約２７０社だったが、７月初め時点では約４７０社に増加した。

(20) 内藤（２０２０）。

(21)「新型コロナウイルス感染拡大により今後の都市計画に求められる５つの視座　アメリカの学際機関による提言記事」学芸出版社　まち座、２０２０年４月10日。

(22) 高松（２０２０）。

(23)『産経新聞』２０２０年７月５日。

(24)『読売新聞』２０２０年６月13日。

(25) 広井（２０２０）。

(26) 広井（２０１９）および広井（２０２０）。

(27) 小田切（２０２０）。

(28) 隈（２０２０）。

(29)『日本経済新聞』２０２０年６月29日。

第1章　アフターコロナの課題①

―郊外・地方都市の再生

1 はじめに

序章で述べたように、アフターコロナで、郊外・地方都市が人々の生活や仕事の新たな受け皿となるためには、都市としての基盤を再構築し、魅力を高めていく必要がある。

そうした取り組みの一つとなり得るのが、現在、各地で進められているコンパクトシティ政策である。本章においては、コンパクトシティ政策の事例研究を行い、今後の課題を探る。

コンパクトシティ化の必要性が主張される場合、主な理由は次の3つである。

第一は、高齢化社会において、日常の買い物や通院において自分で車を運転しなければ用を足せないまちは、暮らしにくいことである。

第二は、薄く広く拡散したまちの公共施設やインフラを、人口減少が進んでいく中では、すべて維持するのは財政的に困難ということである。

第三は、地方においては税収に占める固定資産税の割合が高いが、中心市街地が空洞化してその価値が下がると、固定資産税収が維持できず、財政に悪影響が及ぶことである。

一般には、第一の理由が強調されることが多いように見受けられるが、自治体にとっては財政上の第二、第三の理由がより切実である。

本章では、まちを積極的にたたんでいくコンパクトシティ政策の具体的事例を紹介していくが、およそ3つに分類することができる。

第一は、財政破綻で否応なくコンパクトシティ化に踏み切らざるを得なくなったケースである。

夕張市がそれで、現在、公営住宅（旧炭鉱住宅）の集約という形でまちの集約化を進めている。中心市街地活性化計画や立地適正化計画によるものではなく、破綻後の取り組みという特殊なケースであるが、まちづくりで目指す方向は一緒なので参考になる。夕張市で浮上した問題は共同住宅の集約であり、1戸建ての集約よりは容易であるが、やはり住民の理解を得るのは難しい。この問題をいかにしてクリアするかが重要となる。

第二は、将来への危機感から、いち早くコンパクト化を進め、一定の成果を出しているケースである。

富山市がそれで、既存の鉄軌道を利用してLRT（Light Railway Transit System：次世代型路面電車システム）を整備するとともに、まちの集約を進める、コンパクト・プラス・ネットワークにいち早く取り組んできた。富山市の用語では、コンパクト・プラス・ネットワークは「お団子と串」という言葉で表現されている（お団子という拠点と、それを結ぶ公共交通という串）。

すでに成果を出しているケースとしては、公共交通の整備を成功させ、その後に立地適正化計画でまちの集約に乗り出した岐阜市の例もある。岐阜市は、路面電車が廃止された後、BRT（Bus Rapid Transit：バス高速輸送システム）やコミュニティバスなどを整備し、バスを中心とする公共交通ネットワークの構築で知られる。新規導入の場合、LRTに比べBRTの導入コストは安く、また、路線変更など柔軟性が高いというメリットもある。岐阜市の場合、すでにバスネットワークの構築は進んでいるので、まちの集約（立地適正化計画）はそれに応ずる形で進めていけばよい。

第三は、将来への危機感から取り組み始めたが、まだこれからというケースである。

立地適正化計画を策定した大半の自治体はこれに属するが、ここではその代表として、富山市のようにLRTを導入することによって、コンパクト・プラス・ネットワークを進めていこうとする宇都宮市を取り上げる。富山市と異なるのは、既存の鉄軌道を活用するのではなく、全区間新設という点である。それだけに財政的負担が大きく、また、敷設後に計画通りに利用されるのかの見極めが難しい。

これからという事例のもう1つとしては、埼玉県毛呂山町を取り上げる。毛呂山町の立地適正化計画では、空き家率や地価上昇率の目標値を設定している点がユニークである。空き家対策とリンクさせ、また、地価上昇で固定資産税の税収維持を図ろうとしている。自治体の中で、町村として最初に立地適正化計画を策定したのは毛呂山町であり、それだけ将来に対する危機感が強いことを示している。

以下では、夕張市、富山市、岐阜市、宇都宮市、毛呂山町の5つの事例を順に見ていく。将来の衰退に対する危機感が特に強い例は夕張市、毛呂山町であり、それに対して富山市、岐阜市、宇都宮市はそれほどの危機感があるわけではないが、薄く広がったまちを将来的に維持できなくなるという問題意識が強い、地方の大都市（中核市）という共通点を持つ。

また、これら5つの事例は、新たに整備する公共交通として、バスを重視するか（岐阜市、毛呂山町）、LRTを重視するか（富山市、宇都宮市）、それ以外か（バス＋デマンド交通の夕張市）に分けることができる。LRTを重視する場合、既存鉄軌道を活用するか（富山市）、全区間新設するか（宇都宮市）の違いがある。

この5つの事例だけを見ても、コンパクト化の動機、手法、現状の取り組み度合いにはいくつかのバリエーションがあることがわかり、また、コンパクト化に際して直面する典型的な課題が浮かび上がると考えられる。また逆に、そのような目的が達せられるように選んだのが、この5つの事例である。

2　北海道夕張市

●破綻に至るまでの経緯

夕張市は炭鉱のまちとして、ピーク時の１９６０年には人口は約11万人に達したが、２０１０年には1万人と10分の１となり、２０１５年で８、８４３人（「国勢調査」）となっている。国立社会保障・人口問題研究所の推計によれば、２０１５年から２０４５年にかけて人口は74・５％減少し、２、２５３人になる見込みである（「日本の地域別将来推計人口（２０１８年推計）」（２０１８年3月））。

夕張市は、２００６年に新聞報道で巨額の債務の存在が明らかとなり、２００７年3月に地方財政再建促進特措法に基づく「財政再建団体」となり、２０１０年には夕張市の破綻を機に制定された、地方公共団体財政健全化法に基づく「財政再生団体」に移行した。旧法で規定されていた「財政再建団体」に代わり、新法では「財政再生団体」と、財政破綻の恐れがある「早期健全化団体」の規定が設けられた。現在、財政再生団体は夕張市のみで、早期健全化団体は存在しない。

夕張市は、2007年の破綻時には632億円の負債を抱えており、解消すべき赤字額は標準財政規模（地方税や普通交付税など毎年度経常的に入ってくる、経常一般財源の規模）の8倍の353億円に達した。

夕張市は、19世紀末に石炭の露頭が発見されて以来、開発が進められ発展してきたが、石炭から石油へのエネルギー政策の転換に伴って衰退が進み、1990年に最後の炭鉱が閉山された。人口が激減する中、歳入減と閉山対策の歳出がかさみ財政状況が悪化していった。炭鉱から観光へのキャッチフレーズの下、観光施設の整備が行われ、一時は地域再生のモデルとして評価されたものの失敗し、それが債務の膨張を招いた。一時借入金の操作により、赤字を隠し続ける不正な会計処理も行われていた。

まちの集約の必要性

財政再建は歳出削減を柱とする形で進められたが、まちの構造に起因する行政コストの増大をいかに抑制していくかが大きな課題になっていた。

夕張市の集落は、山間部の沢沿いの細長い平地部分に、炭鉱の坑口ごとに形成された分散的な配置となっている。

夕張市の面積は東京23区よりも広い763㎢であり、その谷あいに9，000人ほどの人口が分かれて住んでいる形になる。

住民が分散したままでは、インフラの維持管理に多大な費用を要する。国土交通政策研究所の調査（2011年）によれば、公営住宅、道路、橋梁、上水道、下水道、公共施設、道路除雪・凍結防止に関する維持管理費・修繕費等は、2039年には住民1人当たりのコストが現状（2005〜2007年平均）の2・7倍になると試算されていた。また、高齢者の孤独死やコミュニティ崩壊の問題も深刻化していた。

そこで2012年3月に「まちづくりマスタープラン」が策定され、分散している集落を中心部に小さくまとめるコンパクトシティ化の方針が示された。具体的には、市内の南北を走る鉄道、幹線道路を都市骨格軸とし、そこに公共施設や病院、住宅を集約していくこととした。しかし、すぐに都市骨格軸に集約していくことは難しいため、当面（10年程度）は地区ごとに集約を進め、将来的（20年後）に都市骨格軸に集約していく2段階方式が採られることになった。

夕張市の場合、公営住宅の割合が高いという特徴がある。炭鉱会社が撤退するときに市が社宅を買い取って公営住宅にした経緯があるためである。2011年現在で、約4、000戸の公営住宅があり、人口1、000人当たりの戸数は370戸と全国1位であった。しかし、その3割が空き家になっていた。したがって、夕張市では、公営住宅の移転集約が、まちの集約に直結することになる。

集約の具体的な進め方

マスタープランで将来の都市拠点と位置付けられている清水沢地区には、新たな公営住宅が整備されることになった。夕張市営の歩団地（6棟28戸）、萌団地（2棟12戸）、北海道営の歩団地（4棟14戸）、実団地（6棟30戸）である。このほか夕張市では民間賃貸住宅が極端に少ないため、補助金（1戸当たり300万円）の仕組みを設け、清水沢地区に建設を誘導することとされた。

一方、都市骨格軸からはずれている真谷地地区では、20年後は骨格軸に移ることが想定されているが、当面は地区内での集約が進められることになった。団地14棟のうち12棟が集約の対象とされた。集約の考え方は、次の通りである(1)。

12棟216戸のうち空き家が3分の2に達するため、半分の6棟に集約する。すべて3階建てであるが、3階は移転先とせず封鎖する（空いた3階の床には断熱材を敷き、断熱効果を高めた）。汚水処理に浄化槽を使っており、浄化槽は2棟単位で共用していることから、2棟ごとに移転対象の棟を決める。その上で、バス停が近く入居者が比較的多い棟、浴場や集会所に近い棟、団地内の中心道路に近い棟を移転先とした。

コスト削減のため移転は不可欠とはいえ、移転に際しては住民の理解が不可欠である。住民へのアンケート調査、町内会へのヒアリングや住民ワークショップを通じ、住民の意向の把握が行われた。

その結果、コミュニティの場として共同浴場の維持が望まれていること、また、移転に際しての負担として、家賃が上がらないこと、引っ越し負担が少ないことなどが望まれていることが明らかとなった。

さらに、住民に対しては、移転集約によって住戸の設備や温熱環境が改善されることなどのメリットが大きいことが説明された。移転対象世帯のみならず、非移転対象世帯に対しても、共同浴場の改修や全戸の断熱改修（サッシ交換）などのメリットがあることが説明され、団地全体の合意形成に配慮した。そして、移転先を最終決定する際には、各世帯の意向を個別に聞いて対応した。これら手続きでは、北海道大学の協力（瀬戸口剛研究室、都市計画）が非常に大きかった。２０１３年10月から移転が開始され、２０１４年8月に完了した。

移転後に全世帯（移転世帯：24世帯、非移転世帯：18世帯）を対象に行ったアンケート調査(2)によれば、集約化事業に対する全体評価は、5段階評価で移転世帯は3・3、非移転世帯は3・4と、大きな不満はないことがわかった。3階を封鎖したことにより「階段の昇降」の評価は高く、このほか、「住戸の改修」「温熱環境の改善」「共同浴場の改修」の評価も平均より高く、住民が満足していることがわかった。温熱環境の改善により、各世帯の灯油消費量が減るという金銭的メリット、また、集住により1戸当たりの必要除雪面積が減る

などのメリットも確認できた。移転集約により、団地全体の維持管理コストは年間で約50
0万円削減された。

●住推進策の鍵

夕張市のコンパクトシティ化は、共同住宅である公営住宅の集約を柱として進めることができ、個人の1戸建て中心の市街地の集約よりは、難易度は格段に低い。ただ、集約に当たって、住民の理解を得る丁寧な手続き（ヒアリング、住民ワークショップ）をとり、また、単に市の財政上の必要性を訴えるだけではなく、住民に対し（移転世帯、非移転世帯とも）、具体的なメリットを提示できたことが全体の合意につながった。事後的な調査でもメリットが実現されており、それが住民に評価されていることも確認できた。普通に考えれば、できれば住み慣れた住宅を移りたくないと考えるのが人の常で、それを越えるメリットが感じられるかどうかが住民の決断の分かれ目になる。

夕張市の事例からは、コンパクトシティ化を進めていくに当たっては、丁寧な理解の手続きを踏むことと、すべての人に抽象的ではない具体的なメリットを提示できるかどうかが合意の重要な鍵になることがわかった。

これは、今後、高齢化など地域の衰退に悩み、コンパクトシティ化で集住を強力に推進していこうとする自治体にとって重要な教訓となる。

また、住民の合意を得る過程では、地元大学の協力が大きかった。人員削減に苦しむ夕張市のマンパワーやノウハウだけでは、なし得ることではなかった。

公営住宅の割合が高い夕張市では、行政主導でコンパクトシティ化が進められており、他の地区も合わせればすでに300世帯ほどが移っている。他の自治体でも、共同住宅中心の団地を集約しようとする場合、参考になる。個人の1戸建てが圧倒的多数のまちでは、集約の難易度は高く、すぐに実行に移せるものではないが、考え方の基本（理解の手続きと具体的メリット）は参考になる。

財政再建から地域の再生へ

夕張市では、2007年3月に国の管理下に入ってから10年の節目を迎え、今後10年を見据え、財政再建計画の見直しを行った。

2017年度から10年間で子育て支援や産業振興など113億円の新規事業を実施するとともに、住民税の負担を他自治体と同水準まで減らし、市職員の待遇改善も図る。財政再建一辺倒から、地域再生との両立を目指す方向に舵を切るもので、財源には、ふるさと納税や観光施設の売却、各種基金の取崩しのほか、国からの特別交付税を充てる。

夕張市の人口は、破綻前には1万3、000人だったものが9、000人ほどになるなど、地域の疲弊はますます深刻化していた。公共施設の閉鎖や市民税の一部を上げた結果、子供の将来を考え、夕張を離れるケースも後を絶たず、人口流出に歯止めがかからなくなった。緊縮策だけでは、希望が持てず、流出に歯止めをかけることは難しい。そこで新たな計画では、若者の定住や子育て支援、地域差資源を活かした働き場づくり（炭層メタンガスの開発支援、夕張メロンの安定化事業など）に注力することとした。

一方、JR北海道は路線の見直しを進めており、南北に走るJR線（夕張支線）も廃止の対象になっていた。年間1・8億円の赤字を市や民間で引き受けるわけにはいかず、市は2019年4月1日の廃止を容認する代わり、JR北海道が夕張市で持続可能な交通体系を再構築するために必要な費用7・5億円を拠出すること、公共交通の拠点複合施設の整備に必要となる用地を一部譲渡することなど最大限の協力を引き出した。廃線後は、代替の路線バス運行、デマンド交通（予約客がワゴン車に相乗り）、タクシー乗車補助などを組み合わせた交通体系に移行することとなった。

夕張市は地域の疲弊に歯止めがかからず、JR線廃止の逆風もあって、財政再建を計画通りなし得たとしても、若者を呼び戻し、公共交通の再構築も図りつつ、はたして今後もまちを維持できるかの瀬戸際になお立っている。

その最終的な成否は未知数といわざるを得ないが、破綻後に打ち出したコンパクトシティの進め方などの取り組みは、他の自治体にとっても参考になる。

現在、財政再建団体は全国で夕張市のみであり、その前段階である早期健全化団体も２００９年には21町村に上ったが、２０１４年度の青森県大鰐町を最後にゼロとなっている。財政再建の取り組みが進み、夕張市のように突然破綻するケースが出現する可能性は、現在では低くなっている。

自治体にとっては、財政再建や地域再生を図るにしろ、コンパクトシティ化を図るにしろ、危機的状況に陥り、否応なく取り組まざるを得なくなる前に、市民の理解を得て、どれだけ未然に踏み込んだ対応を図れるかが重要となっている。

その意味で、次に述べる、全国有数の薄く広がったまちの維持について危機感が高まった富山市のケースと、公共交通の危機という状況に直面した岐阜市のケースは、市民の理解を得て取り組みを進めていったケースとして参考になる。

3 富山市

●コンパクト化に取り組んだ経緯

将来への危機感からいち早く取り組み、成果を出しているケースとして富山市を取り上げる。

富山市の人口は、2015年で41万8、686人である（「国勢調査」）。国立社会保障・人口問題研究所の推計によれば、2015年から2045年にかけて人口は14・8％減少し、35万6、918人になる見込みである（「日本の地域別将来推計人口（2018年推計）」（2018年3月））。

富山市がコンパクトシティ政策に取り組み始めたのは、現市長の森雅志氏が始めて就任した2002年のことであった。1970年から2000年の富山市の人口推移をみると、中心市街地と中山間地域は減少する一方、その中間部に位置する郊外の人口は増えていた。

市街地が郊外に広がった要因としては、地形が平坦で可住地面積が広い、道路整備率が高い、持ち家志向が高いなどの理由があげられる。1970年から2005年までの35年間で

ＤＩＤ（人口集中地区）の面積は約2倍に広がる一方、ＤＩＤ内の人口密度は3分の2に低下していた。富山市のＤＩＤ人口密度は県庁所在地の中では、最も低くなっていた。すなわち、広い可住地面積（県庁所在地の中で2位（大都市除く））、高い道路整備率（都道府県で全国1位）、高い一世帯当たり自家用車保有台数（都道府県で全国2位）の下、車の利用で市街地を広げてきたが、それによって極めて低密度な市街地が形成されてきたことになる。

中心市街地は夜間人口が半減、空き家・空き地などの低未利用地が増加し、商店街は歩行者数、売上げが減少して衰退する一方であった。

このように市街地が広く薄く拡散する中で、本章の冒頭で述べたコンパクトシティ政策に取り組む3つの必要性に直面していた。すなわち、高齢者にとって暮らしにくい、インフラ維持更新の財政負担の増大、固定資産税収の減収懸念である。

ただ、森市長になって初めてこの問題に取り組んだわけではない。それ以前からコンパクトシティ化に取り組む素地は徐々に形成されていた(3)。

1993年に都市計画マスタープランを作成することになったが、それ以前の考え方が、道路を建設し、車を走らせてまちを広げるというものであったのに対し、専門家から、これからはまちを広げたり道路を増やしたりする時代ではないとの指摘があり、コンパクトな核を形成するにはどうしていくべきかという考え方を取り入れた。

1999年には、小渕首相が富山県を訪問した際、これからは歩いて暮らせるまちづくりの事業を行うと表明した。富山市もマスタープラン策定時の議論をベースに応募し、全国20都市の1つに選ばれた（「歩いて暮らせる街づくり」モデルプロジェクト地区、2000年3月）。そのときは、スーパー防犯灯（防犯灯の支柱に緊急通報ボタンなどを装備）を設置したり、国道に歩道照明をつけたりした。

森市長就任後、国土交通省から2人目の副市長を招聘することになり、また、市長から、職員でコンパクトなまちづくりについて検討するようにとの指示があり、庁内に研究会が設置された。同時に市長は、タウンミーティングで市民に、高齢化社会においては歩いて暮らせるまちづくりが必要と訴えていった。

具体的な事業として、公共交通を整えるためJR富山港線（富山駅から北部の港に走る路線）をLRT化すること、沿線に住む人に対し補助金を支給すること、中心市街地の賑わい創出のため広場（「グランドプラザ」）を設置することの3つに着手した。こうして、2007年までにLRT（富山ライトレール、第三セクター富山ライトレール株式会社）、グランドプラザが完成した。グランドプラザに隣接する新たな商業施設として「総曲輪フェリオ」（キーテナントは、富山大和）も開業させた。2007年には、青森市とともに全国で初めて中心市街地活性化基本計画の認定を受けた。計画では、公共交通の利便性向上、賑わい拠点創出、まちなか居住の推進が掲げられた。

その後、ＬＲＴの利用者が増え、中心市街地に人が集まるという具体的な成果が見えてくると、これを実現する基の考え方であるコンパクトシティ化も良いものだとの理解が広がっていった。

その後、現在までコンパクトシティ化が推し進められてきたが、その間、市長の方針が絶対にぶれないということが、市職員にとっても一貫した姿勢でコンパクトシティ化に取り組める大きな推進力となった。

ＬＲＴ整備と沿線への集住施策

ＬＲＴに取り組む契機になったのは、北陸新幹線の工事実施計画の認可に伴って在来線の高架化を図ることになり、富山駅周辺の再開発と利用者が低迷していた富山港線の扱いが問題になったことがある。

バスへの代替なども検討されたが、コンパクトシティ化を図る目的でＬＲＴが採用された。ＬＲＴ化に要する費用約58億円の半分は国・県が負担し、残りを市とＪＲ西日本からの寄付（10億円）で賄い、２００６年に開業した。

同時に、既存の路面電車路線（富山市内軌道線、富山地方鉄道株式会社）を延伸して環状線化を図り、２００９年に開業した。延伸は、路面電車では日本発の上下分離という枠組みで

図表1-1　富山市の市内電車の乗車人数

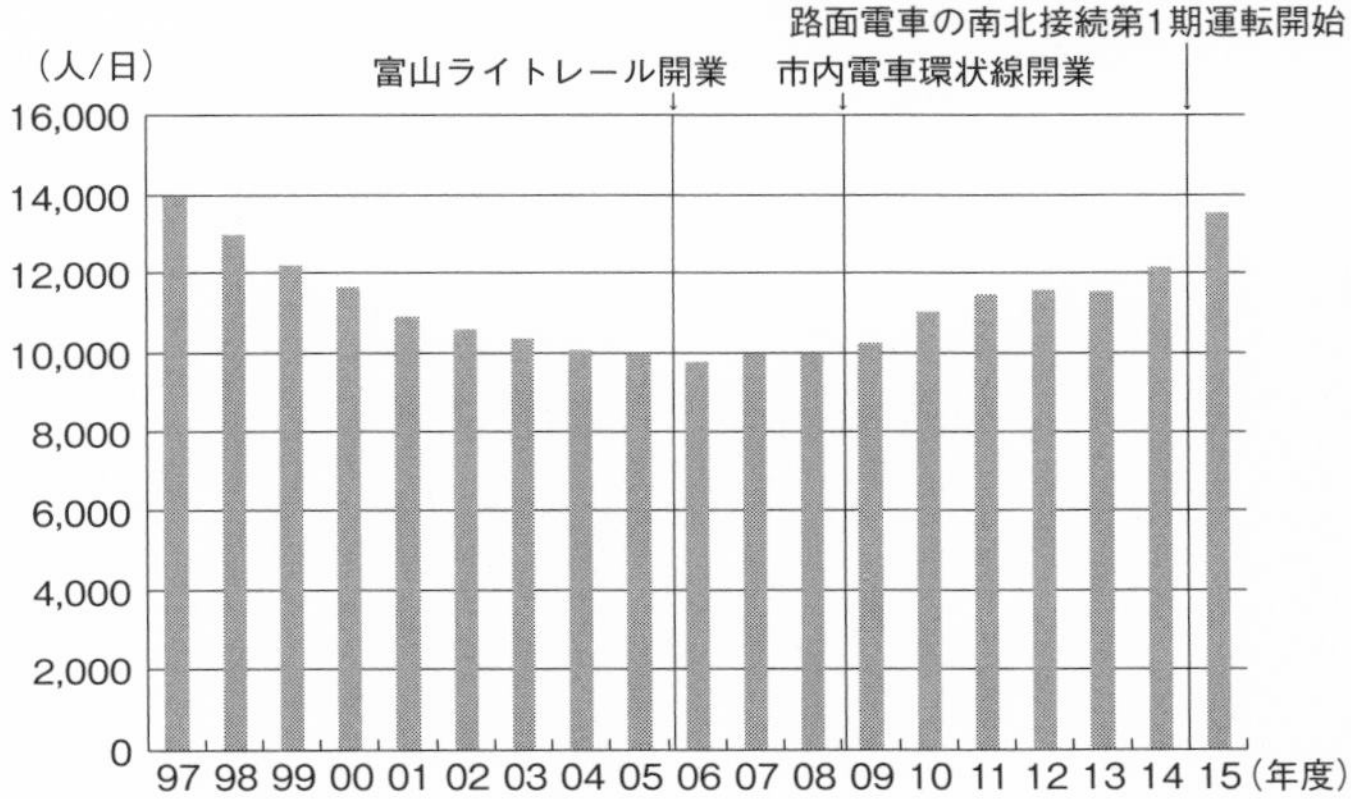

（出所）　富山市

行われた。富山市が軌道や設備、車両等を保有し、富山地鉄が運行を行うものである。事業費30億円のうち13億円は国が負担し、残りを市が負担した。

　市内電車の乗車人数の推移を見ると、富山ライトレールの開業、市内電車の環状線化を経て増加傾向にあり（**図表1-1**）、LRT化が奏功したことがわかる。

　現在、富山市の北部は富山ライトレール（愛称：ポートラム）、南部は路面電車（愛称：セントラム）と南北で分断されているが、これを新幹線高架下でつなげることが計画されている（第1期事業：北陸新幹線開業と合わせ新幹線高架下へ市内電車乗り入れ、第2期事業：在来線高架化に合わせ富山ライトレールと市内電車を接続）。南北接続事業によってLRTのネットワークが完成すれば、相乗効果によって、さらに人の動きが活発化することが期待されている。

公共交通網の整備と合わせ、都市構造の変革も推進することとした。前述の「お団子と串」の都市構造の推進である。中心市街地と公共交通沿線（鉄軌道駅半径500m以内、バス停半径300m以内）への居住を進めるため、各種のインセンティブを講じた。

たとえば中心市街地については、建設業者向けの支援として、共同住宅の建設費助成（100万円／戸）、優良賃貸住宅の建設費助成（120万円／戸）などを、市民向けの支援策としては、戸建て住宅または共同住宅の購入費等の借入金に対する助成（50万円／戸）、都心地区への転居による家賃助成（1万円／月、3年間）、リフォーム補助（30万円／戸）を設けた。公共交通沿線でもインセンティブが設けられている。

これらにより中心市街地では、2006〜2015年度で888件、2,104戸の助成が行われた。この結果、中心市街地への転入人数は2008年以降、マイナスを脱し、プラス幅も増加傾向にある（**図表1-2**）。自然増減も含めた人口動態では、2015年に初めてプラスに転じた。一方、公共交通沿線では、2014年以降、転入人数が明確なプラスに転じている。

図表1-2　富山市中心市街地（都心地区）の人口動態

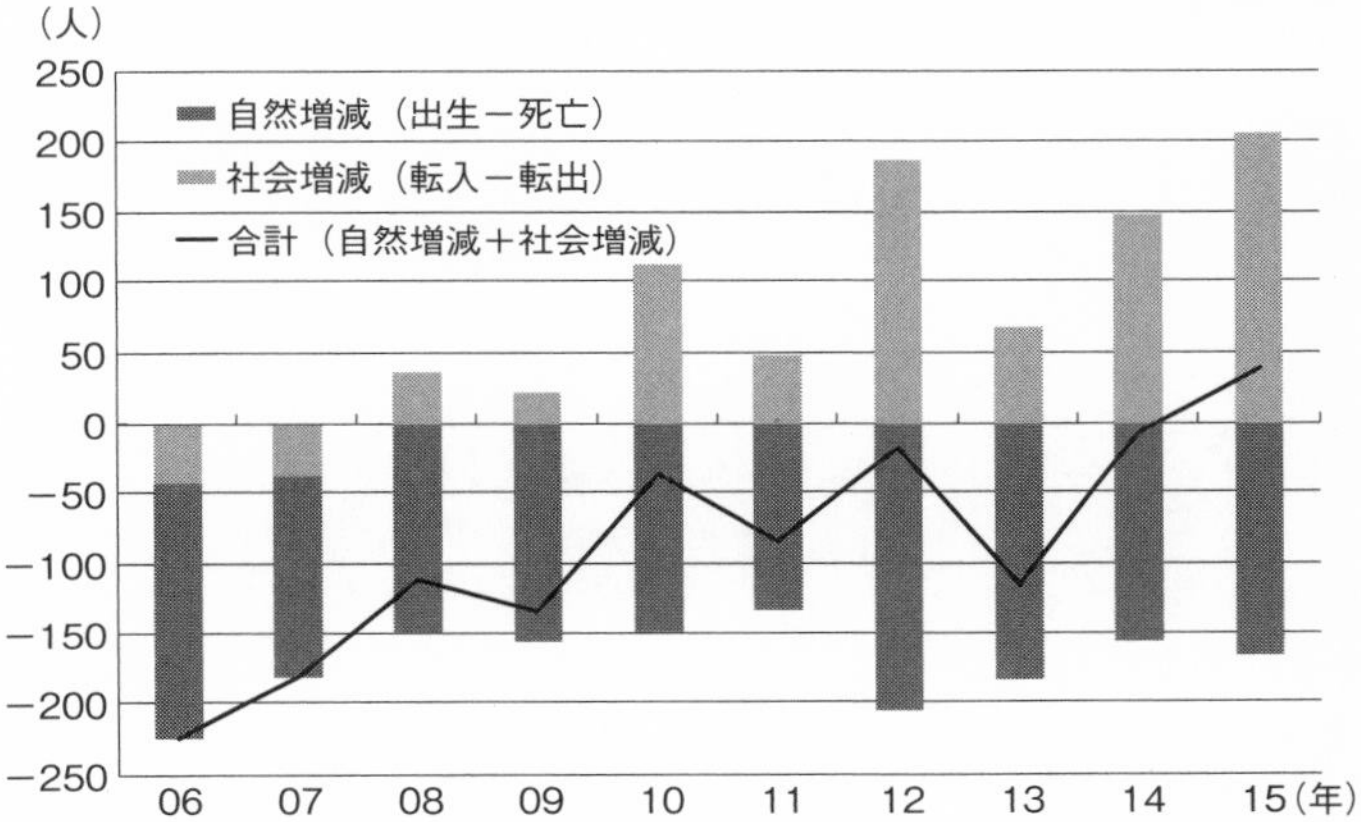

（出所）　富山市

まちなかの賑わい創出の仕掛け

中心市街地活性化のための集中投資も積極的に行った。前述のグランドプラザと総曲輪フェリオがそれである。集中投資の狙いは財源維持であった。

市税全体の45・8％を固定資産税と都市計画税が占める（2016年度当初予算）富山市の場合、中心市街地の面積は全体の0・4％にすぎないが、固定資産税と都市計画税の税収は全体の22・4％を占めている。

したがって、税収維持のためには、中心市街地の価値、すなわち地価を維持することが重要になる。そのために集中投資を行い、賑わいを創出し、民間投資の呼び水となることが意図された。このほか、中心市街地における小学校跡地などを活用し、商業施設や医療・介護拠点などの整備も進めている。

また、高齢者の外出機会を創出するとともに、中心市街地を活性化させるため、65歳以上の高齢者が中心市街地に出かける際、公共交通利用料金を1回100円とする割引制度（おでかけ定期券）も導入した。高齢者の24％がおでかけ定期券を所有し、1日平均2、763人が利用した（2015年度）。

富山市の地価の動向をみると、環状線新設区間では2006年の水準を維持しており、中心市街地については2014年以降回復傾向にある。富山市全体の宅地が低下傾向にあるのに対し、これら地域の地価が維持、回復傾向は顕著である。

コンパクトシティの世界の5都市に

これらの取り組みが評価され、2012年には、OECDが2009年から3年間かけて世界のコンパクトシティの先進事例を調査した報告書の中で、オーストラリアのメルボルン、カナダのバンクーバー、フランスのパリ、アメリカのポートランドとともに富山市の事例が紹介され、世界的にも有名になった。

富山市が目指す「お団子と串」の都市構造は、立地適正化計画が目指す「コンパクト・プラス・ネットワーク」のモデルとなったものであるが、富山市は立地適正化計画を2017

年3月に策定し、これまでの取り組みを継続することとした。公共交通が便利な地域に住む市民の割合を、2016年の37・0％から2025年には42％に上昇させることを目標としている。

富山市の婦中地域を対象とした研究(4)では、生活関連施設へのアクセシビリティを改善させる手段として、バスの運行頻度を高めることと、居住推進地域（バス停半径300m以内）への居住移動を進めることの効果をシミュレーションした結果、居住移動については周辺部に居住している住民の50％を移動させないと効果が現われにくいことが示されている。

前述の数値目標を達成するためには、居住推進地域の人口密度を34人／haから40人／haに引き上げる必要があるが、移動割合が25％になったときにこの数値は達成される。それに比べると、移動割合が50％というハードルは極めて高い。もちろん、アクセシビリティは、バスの運行頻度を高めることで改善できるが、これには費用との兼ね合いもある。生活の利便性を高めていくためには、現状の数値目標ではなお十分ではないことを示している。

富山市のケースは、薄く広がった都市構造で、潜在的にコンパクト化の必要性が非常に高かったところであり、行政ではそうした問題意識を徐々に醸成してきたが、森市長のリーダーシップとうまくマッチする形で取り組みが推進された。中心部の富山駅から各拠点へ放射線状に形成された、恵まれた鉄軌道のストックという富山市が持つ好条件も、コンパクトシティ化の取り組みを容易にした。

森市長はこれまでの取り組みが評価され、コンパクトシティ政策の是非を争点とした２０１７年の市長選で４選を果たし、さらに継続して取り組んでいくことが可能になった。

4　岐阜市

公共交通の衰退

すでに取り組みが進んでいるケースとして、次に岐阜市を取り上げる。

岐阜市の人口は、２０１５年で40万6、７３５人である（「国勢調査」）。国立社会保障・人口問題研究所の推計によれば、２０１５年から２０４５年にかけて人口は33・３％減少し、32万３、８１６人になる見込みである（「日本の地域別将来推計人口（２０１８年推計）」（２０１８年3月））。

岐阜市も富山市のように、モータリゼーションの進展とともに、まちが広く薄く拡散した。その結果、公共交通の利用が減少し、路面電車の廃止（２００５年3月末）やバス事業者の撤退を招く事態となった。また、市営バスは民間に譲渡され（２００２～２００４年度）、市

図表1-3　岐阜市のバス（路線バス＋コミュニティバス）年間利用者数

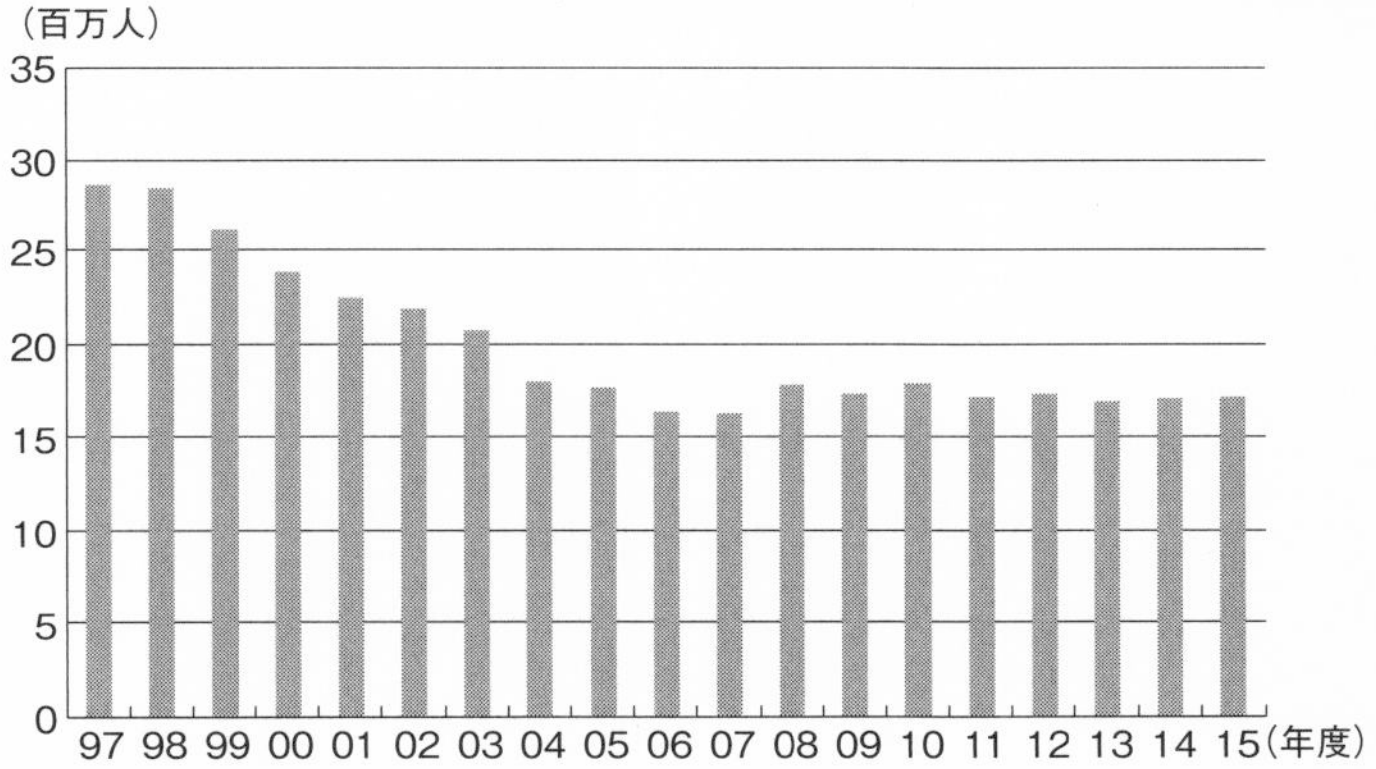

（出所）　岐阜市

内のバス事業者は3社から1社になった。

路面電車はかつて名鉄岐阜駅を起点に、バスと競い合うように走っていたが、乗客数は減り続け、1988年には徹明通の3・9kmが、2005年には名鉄岐阜駅と長良北町間の3・7kmが廃止となり姿を消した。市の財政状況は厳しく、存続のための支援を行うことはできなかった。

一時は、フランスの公共交通大手のコネックスが事業承継に向けた提案を市に行ったが、市に負担を求める内容であったため立ち消えになった。

市内には南端にJRと名古屋鉄道の駅があるものの、もっぱら都市間移動の手段である。路面電車廃止後は、バスが重要な役割を果たさなければならないが、バス利用者も減少する一方であった。利用者は、1997年度から2004年度にかけて4割近くも減少した（**図表1-3**）。

岐阜市の都市構造は、長良川を挟み、南部に商業地域、北部に住居地域が広がっているが、朝夕には長良川渡河断面を中心に渋滞が発生し、バスが遅れるなどの問題が発生していた。

こうした公共交通の危機に対応するため、２００５年度に「岐阜市市民交通会議」が設置され、市民を巻き込み、今後の公共交通のあり方が議論された。

その結果、自動車に頼らなくても自由に移動できる社会の実現を目指す「岐阜市総合交通政策」が策定された。その内容は、バスを公共交通の中心に据え、幹線・支線バスとコミュニティバスを有機的に連携したバスネットワークの構築を図るというものだった。

このように、公共交通の軸として岐阜市では、富山市のＬＲＴとは異なり、バスネットワークが重視されたという違いがある。

バス路線の再編とＢＲＴ導入

バスの利便性の低さを改善する取り組みは、岐阜市総合交通政策以前から行われてきた。当時は市営バス、岐阜バス、名鉄バスの３事業者が路線バスの運行を行っていたが、バス停の配置の偏り、定時性の低下、道路や駅前広場の整備の遅れなどにより、サービス水準は低いものだった。

１９９８年度には、バス専用レーンの社会実験を行った。２０００年度には市内３社のバス路線ネットワーク化を目指したバス路線網再編計画を策定、２００２年度にはオムニバスタウンモデル（１９９７年に旧運輸省、旧建設省、警察庁によって設けられたバス事業支援の仕組み）の指定を受け、ＩＣカードやバスレーン、ＰＴＰＳ（Public Transportation Priority System：公共交通優先信号システム）、バリアフリー化などの再編ツールを整備した。２００３年度には、環状線の完成に合わせ、再度バスレーンの社会実験を行い、２００５年度には構造改革特区の認定を受け、県警と共同でバスレーン・ＰＴＰＳ導入計画を策定し、導入が可能になった。

岐阜市総合交通政策は突然出てきた構想ではなく、こうしたバス路線再編の継続的な取り組みを経た上の自然な成り行きだった。２００８年度に策定された「岐阜市総合交通戦略」に基づき、幹線バス路線の強化に向けてＢＲＴが導入されることになった。

ＢＲＴのメリットとしては、まず、鉄軌道と比較して初期投資が安く、段階的に整備を進めていくことが可能という点があげられる。また、需要や都市構造の変化に応じ、柔軟にルートを変更できる。さらに、連接バスの輸送力はＬＲＴに匹敵する（全長18ｍ、全幅２・55ｍ、座席46席で、定員１３０名）。鉄道に比べ定時性は劣るが、バスレーンやＰＴＰＳの導入で改善を図ることは可能である。

ＢＲＴは民間交通事業者と連携し、上下分離方式で導入することとした。バスの走行環境、利用環境の整備は自治体が担い、民間事業者はバス車両の購入を負担し、整備工場を設け安全確保を図るという役割分担である。

具体的には、次のような手順で進められた。2008年度にバス路線の再編を図り、2009年度にはバスレーン導入、バスレーンカラー化など走行環境の整備が行われた。そして、2010年度に導入効果の早期発現が期待できる路線から導入した。2012年度には市内循環線へのルート拡大を行い、観光客利用の増加で観光振興や中心市街地活性化につながる効果が見られた。2013年度には、導入効果の発現に時間はかかるが、公共交通軸として最も重要な路線に導入を図った。

現在は、連接バス4台を3路線に投入している。BRT導入の効果としては、最初に導入した岐阜大学・病院線路線では、一日当たりの利用者が2010年6月から2015年6月にかけて3割も増加した。輸送力が増したため、運行本数を減らすことができ、運行の効率化にもつながった。また、バス待ち時間が13分短縮するなどの効果もあった。

このほか岐阜市では、バス路線の再編やBRTの導入などバスネットワークの最適化に際しては、早くからビッグデータを活用してきた点が特筆される。事業者からのデータ提供のほか、ICカードのデータ、バスロケーションシステムのデータなどの解析を運行改善につなげている。

●市民共働型コミュニティバス

一方、路線バスから外れた地域においては、市民主体のコミュニティバスの導入が図られた。コミュニティバスの試行導入が始まったのは2006年で、まずは4か所で導入された。

岐阜市のコミュニティバスの仕組みがユニークなのは、地域が日常生活の移動手段の確保のため、自ら手を上げて導入する仕組みとなっている点である。ルート、停留所、ダイヤ、運賃、さらには回数券の販売や広告取りまで市民が担う。

こうした仕組みにしたのは、各地のコミュニティバスの導入事例で、行政主導でコミュニティバスの導入を図ったものの、利用が低調で廃止に追い込まれるケースが少なくないことを反面教師としたものである。

市民が主体となることで当事者意識が生まれ、地域の努力を最大限引き出すことが可能な仕組みになっている。地域の負担(運賃、広告)を地域の実情に応じて15~40%に設定した上、明確な収入目標が掲げられる。試行を数年行うことで、運行継続基準率を満たせば本格運行に移行し、満たさなければ中止する。

地域の努力がサービス向上につながった事例としては、本格運行への移行のため、自発的に運賃を100円から200円に上げたケースで、その後、地域の努力で利用者を増やし、

100円への値下げを実現した例がある。19地区で運行されており、受益人口比率は84％に達する。今後これを22地区まで拡大し、受益人口比率100％を目指している。

こうしたバス路線再編、BRTやコミュニティバス導入の取り組みにより、バス利用者数は2007年度に下げ止まり、上向いている（図表1-3）。

地域公共交通網形成計画と立地適正化計画

2015年には、これまでの計画をブラッシュアップした「地域公共交通網形成計画」を策定し、全国初の認定を受けた。

2014年11月施行の地方公共交通の活性化・再生法に基づく計画で、この法律により自治体は、路線再編やデマンド交通などを組み合わせながら、公共交通の再構築を図るための計画を策定できるようになった。岐阜市の計画で盛り込まれた内容は、路線再編、BRT導入、乗り継ぎ拠点、コミュニティバス、関係者の連携などである。

2017年3月には、立地適正化計画を策定した。居住誘導区域は次の5つに区分された。すなわち、①まちなか居住促進区域、②居住促進区域（市街化区域内で、岐阜市総合交通戦略で示されるJR岐阜駅を中心とした8本の幹線バス路線から500mの範囲と鉄道駅から1㎞の範囲）、③一般居住区域（市街化区域内で、比較的利便性の高い支線路線バス路線から500mの範囲）、④郊外居住区域（市街化区域内で、上記以外の区域、幹線道路の整備により中心市街地からのアクセスが向上した地区など）、⑤市街化調整区域における集落区域（優良な農地を維持）である。

市街化区域に占める居住誘導区域の割合は57％となっている。居住誘導区域内に、区域外の人口の2割（3・3万人）を誘導し、居住誘導区域の人口密度を現状（51・2人／ha、2015年）のまま維持することを狙っている。まちなか居住を推進するための支援策（取得で上限50万円／戸、賃貸で上限24万円／年）や、住宅供給プロジェクトも実施される。郊外団地については、生活環境を整備しつつも誘導区域には含めなかった。

岐阜市の場合、これまでバスネットワークの構築に取り組んできたこともあり、その延長線上で利便性の高い地域を居住誘導区域としてスムーズに設定することができた。

公共交通の危機という逆境に直面し、バスネットワークの構築を進めてきたが、先行して公共交通を整備したことが、その後の立地適正化の議論を進めやすくなっている例といえよう。

公共交通に関する目標としては、路線バス・コミュニティバス利用者を1，700万人／年（2013年）から、2020年に1，900万人／年に増やすことが掲げられている。1人当たりバス利用回数が、現状の年間40・8回から45・6回に増えれば、年間利用者数が1，900万人になる。1人当たり利用回数を11・2％増やせば、達成できる計算である。

岐阜市は、こうした取り組みが認められ、2017年5月に国土交通省が選定する「コンパクト・プラス・ネットワークのモデル都市」10市の1つに選定された。

5 宇都宮市

メリハリのない都市構造

これから取り組みを進めていく事例として、宇都宮市を取り上げる。

宇都宮市の人口は2015年で51万8、594人である(「国勢調査」)。国立社会保障・人口問題研究所の推計によれば、2015年から2045年にかけて人口は7・2%減少し、48万1、029人になる見込みである(「日本の地域別将来推計人口(2018年推計)」(2018年3月))。

宇都宮市の市街地は、かつては駅を中心にコンパクトにまとまっていたが、郊外の開発が進み、現在は中心部と郊外とで密度にメリハリのない、薄く広がったまちの構造となっている。栃木県の自動車の普及率(2人以上の世帯における普及率98%)は全国1位であり、モータリゼーションの進展がまちを拡散させる要因にもなった。

市域の22％が市街化区域であるが、市街化調整区域の活力維持を目的とした独自の仕組み（都市計画法第34条第11項に基づく規制緩和）を設けたことで、開発は市街化調整区域にも及び、現在でもその圧力は存在する。

まちは、都心部とそれを囲む古くからの地域（旧町村）などからなり、これらの地域は、都心部から放射状に伸びた道路や市内を巡る環状の道路網などで結ばれている。公共交通の軸として鉄道は南北に走るが、東西の路線は存在しない。

宇都宮駅の東口から市東部方面には、内陸型工業団地としては国内最大規模とされる清原工業団地や平成工業団地がある。また、清原工業団地に近接して芳賀工業団地（芳賀町）などもあり、工業団地とつながる県道は、朝夕の渋滞が慢性化しており、抜本的な対策が必要とされていた。

LRT新設による東西交通軸の整備

駅東口から市東部方面に向かう交通渋滞を緩和するための方策として、新たな公共交通システムの検討が開始されたのは１９９３年であった。検討過程では、高架型モノレールなども検討されたが、輸送力やアクセスの容易性、建設費用がモノレールの２～３割で済むことなどを考慮し、ＬＲＴが選ばれた。

その後、リーマンショックなどの影響もあり計画は足踏みしたが、２０１２年11月に佐藤栄一市長が3選を果たした後は、実現に向け大きく動き出した。対立候補がＬＲＴ導入反対を明確にしたのに対し、導入を訴えた佐藤氏が当選したことによる。国土交通省から副市長も迎えて、計画推進を図った。２０１４年には、ＬＲＴと路線が競合するため、反対していたバス事業者が計画容認に舵を切った。２０１６年9月に国土交通省による計画認定を受けた。

２０１６年11月の市長選では佐藤市長が事業中止を掲げた対立候補と接戦を強いられたが、４選を果たして市民の支持をつなぎ、２０１８年6月にようやく着工にこぎつけた。

ＬＲＴの全区間新設は、国内初となる。全体計画区間は約18㎞で、このうち宇都宮駅東口から市東部の工業団地に向かう約15㎞が優先整備区間とされる。概算事業費は４５８億円で半分を国が、残りを県と市で負担する。設備の保有と運行を切り離す上下分離方式が採用されている。

ＪＲの路線を活用した富山市とは異なり、宇都宮市の場合は全区間新設となるため、投資に見合う効果が本当に得られるかなどの、懐疑的な見方はなお払拭できていない。敷設により、利便性の向上やまちの活性化など、具体的な成果をできるだけ早く出していくことが、今後の事業継続に大きく関わると考えられる。

公共交通としては、バスも重要な役割を果たす。宇都宮駅西口から1日2、000本の路線バスが運行しているが、市はこれまで交通空白地帯を埋めるため、新たな路線の社会実験を行い、その一部を民間運行に切り替えるなどの取り組みを行ってきた。不採算路線に対しては赤字補填も行っている。これは不採算からいったんバスが撤退すると、再度の呼び込みや立て直しに非常な困難に直面するため、そうした事態を未然に防ぐ対応である。

また、地域内交通としては、郊外部の日常生活の移動手段確保のため、12地区13路線のユニバーサルデザインタクシーを導入している。

居住誘導区域設定の考え方

宇都宮市は、立地適正化計画を2017年3月に策定したが、都市機能誘導区域（市内10か所）の設定にとどまり、居住誘導区域については2018年度中の策定を予定していた。設定にあたっての考え方は示されており、①拠点（都市機能誘導区域、市街化区域の18％）、②軸となる公共交通沿線（鉄道駅・LRTの停留所から半径500m以内、1日往復60本以上のバス停から半径250m以内、合わせて市街化区域の23％）、③一定の都市基盤が整備されている場所（土地区画整理事業と大規模住宅団地開発、市街化区域の13％）とされている。合計で市街化区域の約半分、市街化区域の可住地の約8割の面積となっている。

LRTの開通には時間がかかり、居住誘導区域の設定もこれからであるため、宇都宮市の取り組みがうまくいくかは、今後の推移をみなければわからない。

また、宇都宮市の場合、規制緩和で市街化調整区域の開発が進んだという問題もあり、「市街化調整区域の整備及び保全の方針」という市独自の方針を策定し、市街化調整区域においても拠点を設け、その生活利便機能の維持を図るとしている。

公共交通網の整備と合わせ、居住を適切に誘導していくことができるかも現状では見通しにくい。しかし、富山市や岐阜市の進んだ取り組みとは異なり、立地適正化計画を策定した自治体の多くは、方向性は示したものの、本当にその方向でうまくいくかはわからない段階だと思われる。

ただし、困難でも一貫した姿勢で進めていくこと、少しずつ成果を出すことでコンパクトシティ政策に対する市民の理解を深め、好循環に持っていくことが、今後の成否を左右すると思われる。

富山市、岐阜市、宇都宮市の比較

富山市、岐阜市、宇都宮市はいずれも中核市という共通点を持つ。ここで3つの市の都市構造を比較しておこう。

図表1-4　中核市の自動車分担率と人口密度

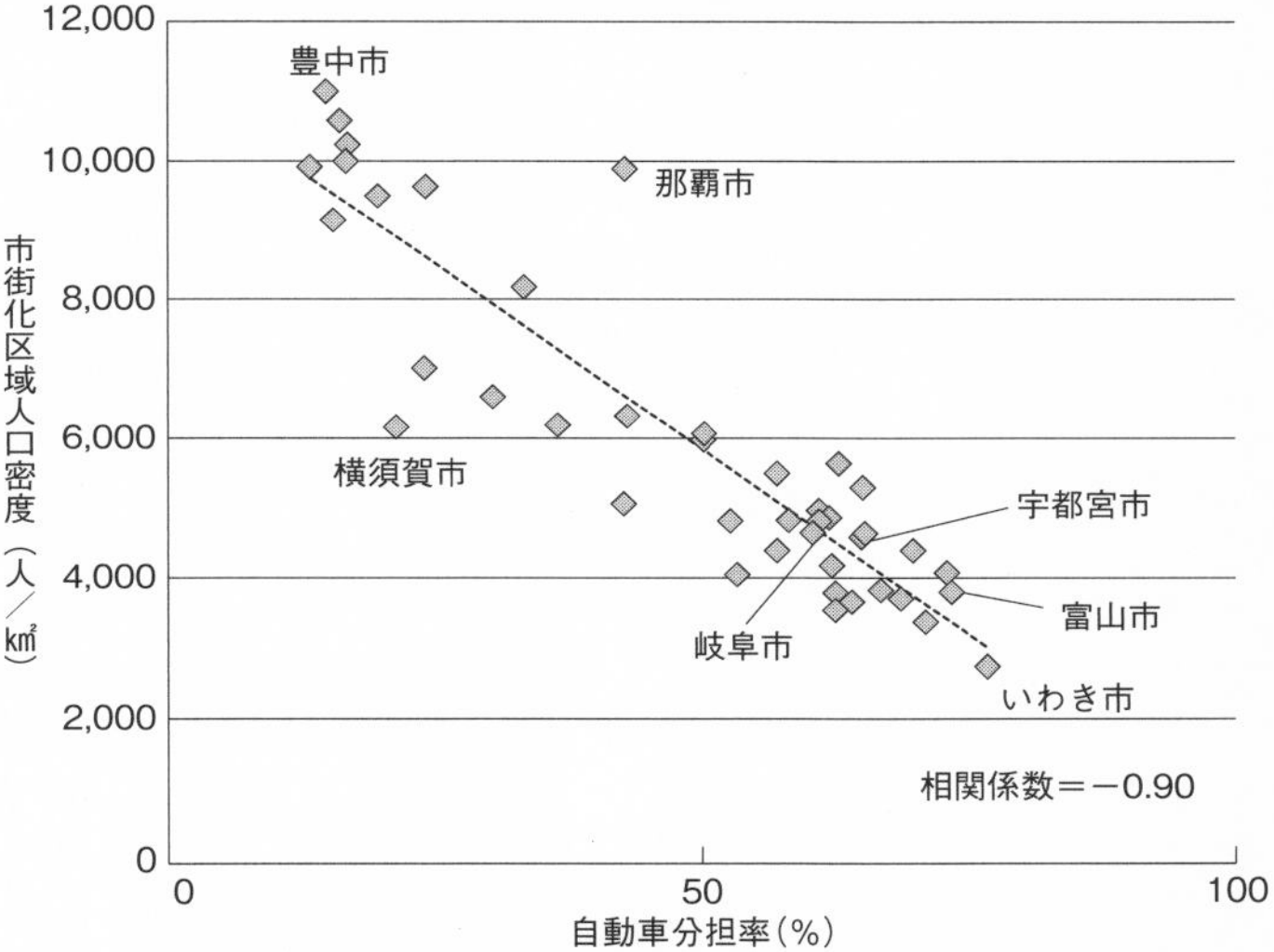

（注）1. 人口は、住民基本台帳登録人口（2016年3月31日現在）。ただし、越谷市、岐阜市は「2015年国勢調査」による。
2. 中核市54市のうち42市をプロット。
（出所）中核市市長会「都市要覧」

中核市とは人口20万人以上で、保健衛生、福祉、教育などの事務権限が強化された都市であり、全国で60都市ある。政令都市以外で規模が大きな都市で、規模が大きいだけあって、これまでまちが広がってきたものの、今後の人口減少を見据えると、広がったまちをコンパクト化する必要性が高い場合が多い。中核市60都市のうち、２０２０年7月末現在、58都市（97％）が立地適正化計画について取り組んでおり、うち50都市（中核市の83％）が計画を策定、公表している（国土交通省調べ）。

中核市で自動車利用と人口密度の関係を見ると、自動車分担率（15歳以上の自宅外就業者・通学者の主な利用交通手段が「自家用車のみ」の割合）と、市全体の人口密度との相関係数はマイナス0・78になっている。自動車分担率が高い都市ほど人口密度が低いことを示している。

また、自動車分担率とＤＩＤ人口密度、自動車分担率と市街化区域人口密度（**図表1-4**）の相関を見ると、いずれもマイナス0・90と高い相関を示している。自動車利用の増加が、都市中心部（ＤＩＤ）の人口密度や、本来、市街地として積極的に開発・整備すべきエリア（市街化区域）の人口密度の低下と、極めて密接な関係性を有していることがわかる。

富山市、岐阜市、宇都宮市はいずれも図の右下に位置しており、コンパクトシティ化の必要性が高いことを示している。いずれも自動車への依存度を低下させるため、公共交通の整備に力を入れているが、選んだ道はそれぞれ異なる。富山市は既存の路面電車やＪＲをＬＲＴ化することに力を入れ、岐阜市はかつてあった路面電車が不採算でやむなく廃止された後は、ＢＲＴに舵を切った。宇都宮市は、全国で初めてＬＲＴの新設に乗り出そうとしている。

ＢＲＴはＬＲＴに比べ、前述のように、安い費用で柔軟に導入できるメリットがある。しかし、一般にバスは鉄道に比べ、定時性に難がある点が公共交通としての問題とされる。岐阜市ではこれに対し、バスレーン、ＰＴＰＳ、ビッグデータを使った解析で対処している。

一方、ＬＲＴは新たに敷設する場合、その投資費用が難点になるが、富山市では既存鉄軌道を活用したため、費用は少なくて済んだ。

宇都宮市は全区間新設に挑戦しようとしているが、前述のように、その成否はなお未知数である。需要が当初の予測どおりとならなかった場合、ＢＲＴの場合は廃止や路線変更は柔軟にできるが、ＬＲＴの場合は軌道を変えなければならず、簡単にはできない。

近年、公共交通を充実させる手段としては、ＢＲＴが検討される場合が多いが、ＬＲＴの初期投資費用の大きさや、その後の柔軟性の低さがハードルになっているためである。宇都宮市のケースはそうした逆風に打ち勝って、今後、ＬＲＴの全区間新設に弾みがかかるかの試金石になる。

毛呂山町のコンパクトシティ政策はまだこれからであるが、町村で最初に立地適正化計画を策定して注目された（図表1-5）。

毛呂山町は埼玉県南西部で池袋から電車で1時間ほどの場所に位置し、人口は2015年で3万7、275人である（「国勢調査」）。国立社会保障・人口問題研究所の推計によれば、2015年から2045年にかけて人口は40・2％減少し、2万2、276人になる見込みである（「日本の地域別将来推計人口（2018年推計）」（2018年3月））。

毛呂山町がいち早くコンパクトシティ化に取り組んだ背景には、人口減少が避けられない中、まちの空洞化がますます進み、財政状況も悪化していくとの厳しい認識がある。

6　埼玉県毛呂山町

厳しい財政状況

毛呂山町の住民1人当たりの地方税（2013年度）は埼玉県内60位（63市町村中）、全国1、105位（1、718市町村中）、また、住民1人当たりの固定資産税（2013年度）は埼玉県内60位（63市町村中）、全国1、392位（1、718市町村中）と、財政状況は全国的に見

図表1-5　毛呂山町の居住誘導区域・都市機能誘導区域

〈居住誘導区域〉

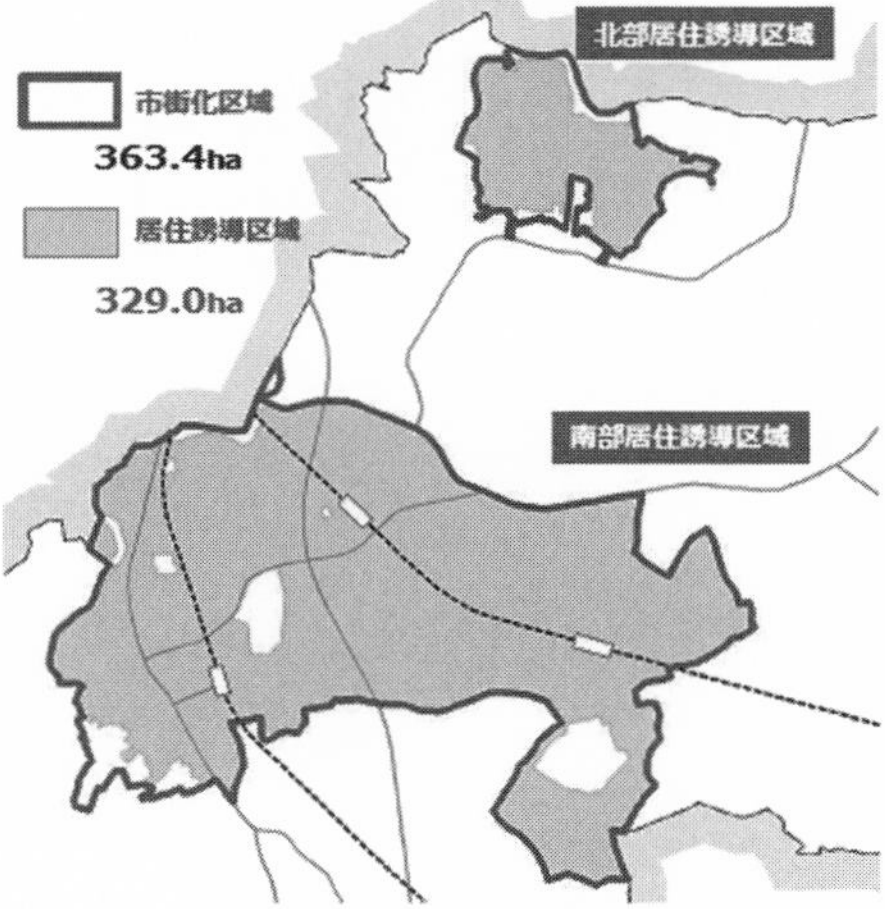

〈都市機能誘導区域〉

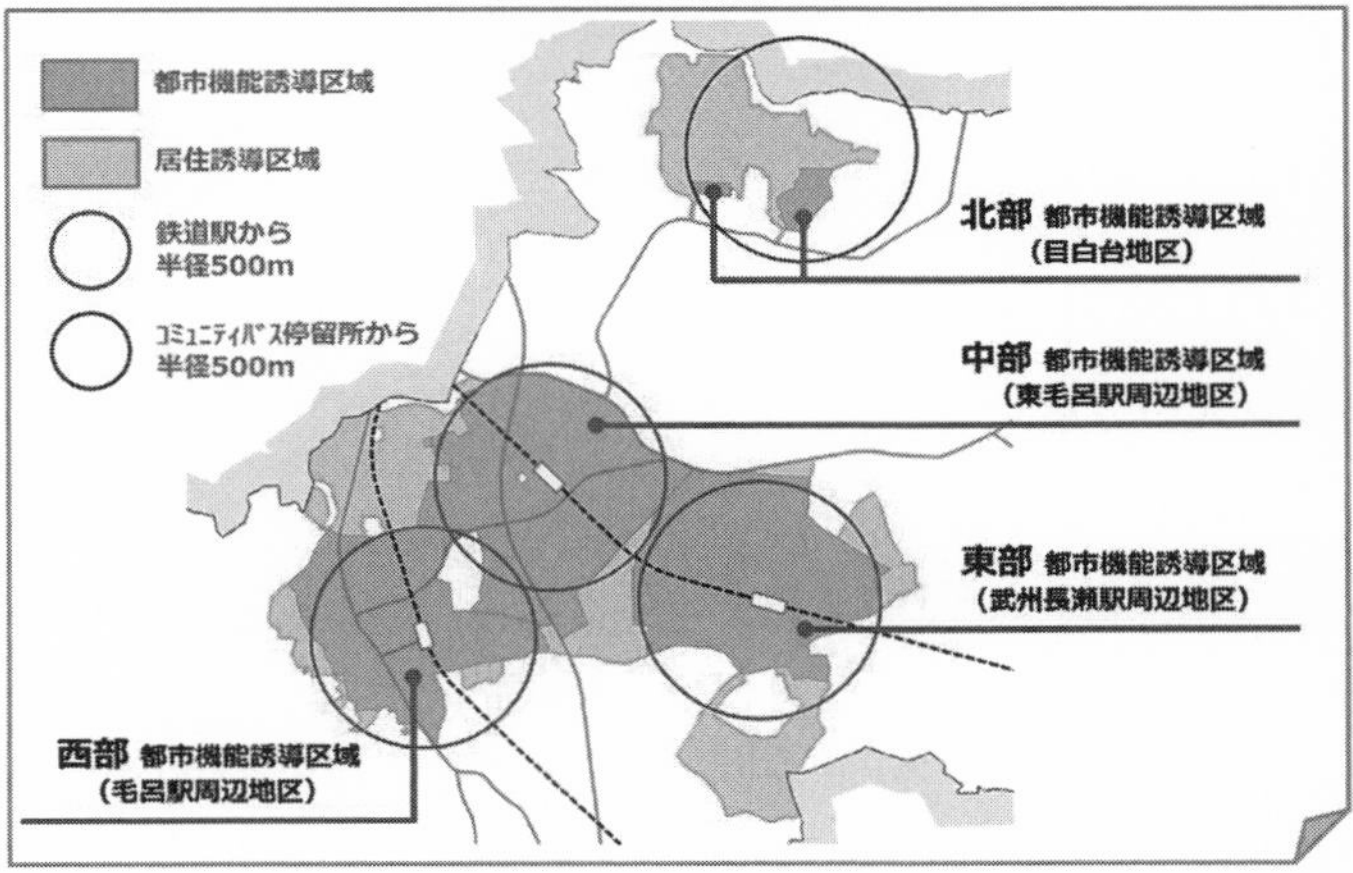

（出所）　毛呂山町「毛呂山町立地適正化計画」2017年2月

ても悪い。今後の財政収支は、毎年7~9億円の赤字が生じる見通しとなっている。

財政悪化に歯止めをかけるためには、人件費などの義務的経費の歳出を抑制するのはもちろんであるが、投資的経費の抑制も必須となる。この場合、居住誘導区域が設定されていれば、今後、老朽化した公共施設を更新する際、優先順位をつけることができる。また、歳入面では、人口を呼び込み、中心市街地の価値を高めることで、固定資産税の底上げを図っていくことが必要になる。

ゴーストタウン化の懸念

毛呂山町がまちの構造として抱えている問題として、まず、古い住宅地（鉄道3駅周辺）では高齢化が進展している点があげられる。たとえば武州長瀬駅周辺は、１９５０年代に開発された古い住宅地で、すでに高齢化が進展している。一方、北部のニュータウン（目白台地区）は、１９９９年に分譲開始された新しい住宅地で若い世代が多く住む。しかし、診療所や商業施設など必要な都市機能が充足していない上、鉄道駅から離れ、駅まで路線バスも通っていないという問題がある。

古い住宅地では空き家が増えており、毛呂山町の空き家率は19・8％（２０１３年）と埼玉県内で一番高くなっている。地価も下落の一途をたどり、人口がピークをつけた２００８

年からしたまでにおよそ2割も下落した。毛呂山町の住宅地は、開発年代ごとに同じような世代が集まっており、高齢化がすでに進んでいるエリアもあれば、今は若い世代が多い目白台地区も、将来的には一斉に高齢化していくことが懸念される。

目白台地区では自動車中心のライフスタイルであるが、高齢化が進むと住みにくくなり、最悪、ゴーストタウン化する懸念すらある。また、古くからの鉄道駅周辺の住宅地では、一定以上の人口密度が維持されなければ、将来的には鉄道の維持が難しくなっていく懸念もある。公共交通の死は、自治体の死を意味するとの厳しい認識を持っている。

一方、住宅新設は目白台地区では落ち着いたものの、本来、市街化を抑制すべき市街化調整区域では、なお開発圧力が存在する。市街化調整区域が開発されると、都市基盤整備が後追いで必要になり、財政負担が増す。基盤整備がなされた市街化区域での新設が望ましいが、市街化調整区域の開発が許容されたままでは、それもままならない。

意欲的な数値目標の設定

こうしたまちの構造を温存したままでは、まちの衰退に歯止めをかけることができないとの危機感から、全国の町村でいち早く立地適正化計画の策定に取り組んだ。居住誘導区域は、鉄道駅3駅周辺の古くからの住宅地と北部のニュータウン（目白台地区）の2か所に設定した。市街化区域に占める居住誘導区域の割合は90・5％となっている。都市機能誘導区域は、鉄道3駅とニュータウンのコミュニティバスのバス停からそれぞれ半径500ｍの範囲とした。

居住誘導区域への居住誘導を進め、区域外の空き家は除却を進めていくことで、2035年の空き家率を15％（2013年19・8％）、区域外から10％居住誘導して2035年の区域人口密度を65人／ha、2035年の公示地価2015年対比で10％以上の上昇などの数値目標を掲げている。これらの数値はおおむね5～10年前の水準で、今後の取り組みで少なくともその水準に戻したいという意図が込められている。地価の回復は、固定資産税収の回復につながり、財政を好転させる効果を持つ。

今後のまちづくりの方向は、第1段階として、目白台地区の都市機能誘導の充実を図り、若い世代の満足度を高める。第2段階として、目白台地区から武州長瀬駅へのバス路線を誘致し、公共交通の整備を図る。第3段階として、武州長瀬駅南口の町有地を核に老若男女のニーズを満たす施設を整備する（にぎわい創出、不足する都市機能をテナントとして誘致など）。第4段階として、武州長瀬駅北口の空き家・空き店舗の活用を図る（共同建て替え、隣地買取りによる区画規模の拡大など）。第5段階として、これらの活動を他の2駅周辺にも広げていく。

このうち、区画規模の拡大については、古くからの住宅地では区画が狭く、新たな住宅需要のニーズを満たしていないとの問題意識がある。低価格での優先譲渡など、隣地と統合する枠組みを考えていく必要がある。

毛呂山町は比較的コンパクトにまとまっているまちであるが、市街化調整区域の開発圧力を放置したままでは、旧市街地の衰退や財政状況の悪化に拍車をかける。駅周辺の古くからの住宅地とニュータウンにまちをまとめていくことで、一定の人口密度を確保して地価水準を維持し、まちの衰退に歯止めをかけていこうとするものである。始まったばかりでまだどうなるかはわからないが、少しでも成果を出し、次の取り組みにつなげていく好循環に持っていけるかが成否を左右すると思われる。

7　コンパクトシティ政策推進の鍵は何か

各事例の特徴

本章においては、まちを積極的にたたんでいくコンパクトシティ政策の事例研究を行った（図表1-6）。

図表1-6　コンパクトシティ政策の比較

都市名	都市規模	契　機	手　法	新たな公共交通	段　階
富山市	中核市 418,686人（15年） 15～45年で人口 −14.8%	広く薄く拡散した市街地の維持困難	公共交通整備と、中心市街地・公共交通沿線への居住誘導	LRT（既存鉄軌道の活用）	一定の成果
岐阜市	中核市 406,735人 同上 −33.3%		バスネットワークの構築を先行。次いで居住誘導	BRT、コミュニティバス	一定の成果
宇都宮市	中核市 518,594人 同上 −7.2%		東西の公共交通軸整備。同時に居住誘導	LRT（全区間新設）	これから
毛呂山町	37,275人 同上 −40.2%	ゴーストタウン化の懸念 財政危機	衰退阻止のため、誘導区域の利便性向上	バス	これから
夕張市	8,843人 同上 −74.5%	財政破綻	公営住宅の集約	バス（JR代替） デマンド交通	一定の成果

（出所）　総務省「2015年国勢調査」、国立社会保障・人口問題研究所「日本の地域別将来推計人口（2018年推計）」

夕張市は、破綻後に否応なく取り組まざるを得なくなったケースであるが、集住政策は誰にとってもメリットになることを粘り強く説明し、理解を得て進めることが重要なポイントになることを示している。

富山市は、自動車の利用度合いが高く、全国有数の薄く広く拡散したまちであるが、既存路線をＬＲＴ化し、鉄道駅やバス停近くへの集住政策にもいち早く取り組んだ。具体的な成果が出てきたことで市民の理解も深まり、また、市長のぶれない姿勢により、市職員も一貫してコンパクトシティ政策に取り組むことができた。

岐阜市は、路面電車廃止やバス事業者の撤退をバネにいち早くバスネットワーク（ＢＲＴ、コミュニティバス）の構築に取り組んだ。先に公共交通網を整備したことで、その後のコンパクトシティ化を進めやすくなっている。公共交通網の構築にあたり、社会実験を繰り返し、また、ビッグデータの解析など先端的手法を取り入れた点も特徴的である。

宇都宮市は、ＬＲＴの全区間新設に挑戦しており、今後のＬＲＴ普及の試金石となる。しかし、現状では批判的な意見もあるため、今後、生活の利便性が向上するなど、できるだけ早い機会に目に見えた成果を出していくことが、推進力に弾みをつけられるかの分かれ目になると考えられる。

毛呂山町は、近い将来のゴーストタウン化と財政状況の悪化が懸念される中、まちの活力を維持していく方策として踏み込んだケースである。空き家対策ともリンクさせており、地方の条件不利地など衰退の危機に瀕する自治体が取り組む場合の参考になると思われる。

●政策の推進力となるもの

これらの事例からは、まちのコンパクト化というどの自治体にとっても難事業を進めていくためには、次のようなポイントが浮かび上がってくる。

①危機感を活用すること
②市民に粘り強く訴え理解を得ていくこと
③少しずつでも成果を出し、メリットを実感させることが政策の推進力につながっていくこと
④数十年を見据えた難事業であるため、首長がぶれずに進めていくことが、市職員も一貫した姿勢で仕事を進めやすくなること

夕張市や富山市、岐阜市はすでに一定の成果を出している事例であるが、宇都宮市、毛呂山町はまだこれからである。ここで指摘したポイントを実行していくことができるかも、今後の成否を左右すると思われる。

公共交通の選択肢

公共交通として何を選択するかは、地域の状況によって異なる。

富山市の場合は、恵まれた鉄軌道のストックを活用した。岐阜市は、路面電車が廃止された上、鉄道は市外との交通手段にすぎないため、バスネットワークを充実させるしか方法がなかった。しかし、その逆境が先進的な取り組みを生んだ。

宇都宮市では南北の鉄道軸はあるが東西軸がないため、ＬＲＴの新設で補おうとしている。

毛呂山町は旧市街地の人口維持で既存の鉄道路線を保つとともに、ニュータウンと鉄道駅を結ぶバス整備に注力しようとしている。夕張市は鉄道・幹線道路沿いへのまちの集約を進めているが、鉄道廃線の逆風に対しては、バスへの代替とデマンド交通の組み合わせで活路を見出そうとしている。

毛呂山町が、公共交通の死は自治体の死につながるとの厳しい認識を示している通り、コンパクトシティ化を進めて行くにあたっては、居住区域の絞込みとともに、公共交通整備が重要になる。

既存の公共交通の状況や地域特性を十分考慮して、地域にとって持続可能な交通手段は何かの見極めが必要になる。

居住地域の絞込み

居住誘導区域の設定に当たっては、客観的な基準に基づくのがわかりやすい。たとえば富山市では、中心市街地と、鉄軌道駅半径500m以内およびバス停半径300m以内の地域となっているが、こうした設定ができる前提としては、公共交通が整備されている必要がある。居住移動は強制できないが、適切なインセンティブを設けることで移動を促していくことは可能である。移動する側にとっても、その必要がない人にとっても、集住のメリットがあることを具体的に説明し、十分な理解を得ることが重要であることは、夕張市の事例が示す通りである。

現状出ている339都市の立地適正化計画（2020年7月末現在、国土交通省調べ）では、ほとんどの都市が都市機能誘導区域、居住誘導区域をともに設定している（336都市、99%）。ただし、居住誘導区域に関しては今後、近年の大雨や台風被害の頻発により、防災上危険なエリアに多くの人が居住している実態が明らかになったことへの対応が急務となる。すなわち、居住誘導区域から防災上危険なエリアは除外していく必要がある。

8　おわりに

本章においては、コンパクトシティ政策の事例を取り上げ、取り組んだ契機や具体的な施策、効果などについて考察を行った。地域の特性に応じたＬＲＴやＢＲＴ、デマンド交通などの公共交通整備の重要性が浮かび上がった。また、事例を通じて、コンパクトシティ政策を推進する鍵になるのは何かについても論じた。

現在、コンパクトシティ政策の取り組みは進み、立地適正化計画が次々と策定されているが、なお多くの課題を抱えている。

代表的な課題としては、①立地適正化計画策定の動機が必ずしもコンパクトシティ化への積極的な取り組みを意図したものではないこと(5)、②市街化区域のほとんどすべてを居住誘導区域に設定している場合が多いこと(居住誘導区域の絞込みが不十分)、③居住誘導区域において、ハザードマップなどで示されている浸水想定区域など防災上危険なエリアが排除されていないこと(6)、④居住誘導区域外での開発が黙認されていること(7)、⑤居住誘導区域を設定する一方で、市街化調整区域における規制緩和が放置されたままになっていること(8)、⑥立地適正化計画と車の両輪になる公共交通網整備計画が策定されていない場合が多いこと(9)、⑦自治体単位での最適化が必ずしも都市圏内での最適化とならないこと(同一都市圏内で機能を分担し合う必要性)などである。

課題は山積しており、これからの取り組みにおいて、一歩ずつでも改善を図っていく必要がある。

(1) 瀬戸口(2014)による。
(2) 瀬戸口(2017)。
(3) 京田・木村・山下(2015)による。

（4）秋元（2014）。
（5）日本経済新聞社の調べによれば、2017年末までに立地適正化計画を発表した116市町のうち、計画をつくった理由について、8割超が「コンパクトシティ化」が必要と答えたが、「国の補助事業や支援措置の申請に必要」が78％、「国土交通省や都道府県に勧められた」も20％に達した。計画の開発抑制効果については、74％が「効果的」「やや効果的」と答えたが、「あまり効果的でない」も25％あった（『日本経済新聞』2018年4月21日）。
（6）日本経済新聞社の調べによれば、2018年3月までに立地適正化計画で居住誘導区域を発表した人口10万人以上の54市のうち、1m以上の浸水想定区域の一部が居住誘導区域と重なっている市が48（89％）にのぼった（『日本経済新聞』2018年9月2日）。
（7）日本経済新聞社の調べによれば、2017年末までに立地適正化計画を発表した116市町のうち、2018年1月末までに居住誘導区域外で開発届出があったのは65町村（56％）、件数では1、098件にのぼった。うち32市町、件数では58％で何も手を打たなかった。制度説明や規模縮小の依頼などの「情報提供・調整」を行ったのは42％だったが、建設計画を変えた例はなかった（『日本経済新聞』2018年4月21日）。また、自治体は事業者に計画変更を求める勧告もできるが、わずか1件のみだった（『日本経済新聞』2018年4月27日）。勧告しても強制力はなく、これらから自治体が居住誘導区域外の開発を容認している実態が浮かび上がる。
（8）日本経済新聞社の調べによれば、本来、都市開発を抑制する市街化調整区域の開発については、2017年末までに立地適正化計画を発表した116市町のうち34市町（29％）が規制を緩めていた。うち9市町が「見直す予定で検討中」、1市が「（緩和を）撤廃した」、2市が「一部撤廃」と答えたが、22

市町が緩和を止めない方針と答えた（『日本経済新聞』２０１８年4月21日）。

（9）　日本経済新聞社の調べによれば、２０１８年8月末現在で立地適正化計画に具体的に取り組んでいる自治体４２０市町村のうち、地域公共交通網形成計画を持っているのは１９５市町村（46％）であった（『日本経済新聞』２０１８年10月28日）。

第2章　アフターコロナの課題②

――移住者呼び込みの方策

1　はじめに

序章で述べたように、アフターコロナにおいては、まちとしての魅力を発信、アピールすることで、テレワーク人材やＩＴ企業などを受け入れようとする競争が激化すると考えられる。

空き家、空き物件の活用への期待も高まっている。

移住者受け入れについては、広くアピールすることで誰でも受け入れようとする施策に対して、特定の人材にターゲットを絞って重点的に受け入れようとする施策が従来からあった。そうした施策は、アフターコロナでの人材受け入れにも応用可能と考えられる。

本章では、先進事例を分析し、人を呼び込むために必要な要素はどのようなものかについて考察する。

移住者呼び込みのため、手厚い経済的支援を行っている自治体は少なくない。こうした施策の多くは広く地域への移住者を求めるものであるが、ターゲットが広くなると訴える力が弱くなるという難点がある。

これに対し、自治体にとって来てもらいたい人材のターゲットをしぼり、重点的に支援するという形で呼び込む形がある。会社が中途の人材募集を行う際、必要な人材のスペックを明確に示すのと同様の考え方である。

このタイプの人材の呼び込み策として、第一に、現に手に職を持つ人などターゲットをしぼり、地域産業の振興に資する人材を優遇して迎えるというものがある。第二に、地域活性化に資する具体的な事業の提案を募集し、そのビジネスプランコンテストという形で優秀者に活動資金を与え、実際に起業してもらうというものがある。第三に、地域で不足する職種、たとえば介護職についてもらう条件で、シングルマザーなど特定の人に来てもらうというものである。

いずれもターゲットは絞られるが、ターゲットになる人に深く訴え、挑戦してみようという気を起こさせる点で共通している。自治体にとっては、第一のタイプは手に職を持っているため、職の心配をする必要がなく、第二のタイプはその提案を実現するための支援を行えばよい。第三のタイプは、働く場はすでに決まっている。いずれも職がないことによって、移住する人がいないとの心配をする必要がない。

第一のタイプの代表としては、大分県竹田市で行われている伝統工芸職人の呼び込みがある。第二のタイプの代表としては、島根県江津市で行われているビジネスプランコンテストがある。第三のタイプの代表としては、島根県浜田市のシングルペアレントの呼び込みがある。

こうした自治体による人材募集、移住者選抜という要素も早くに取り入れ、ＮＰＯが主体となった取り組みや官民一体となった取り組みで、地域活性化に成功して全国的に有名になった事例としては、徳島県神山町と島根県海士町がある。

これら地域は、自治体による選抜という要素のみならず、地域外の住民がその地域の魅力を発見し積極的に移住しているという面も持っており、双方がうまくかみ合うことで、移住者が移住者を呼ぶという好循環に至った。

以下ではまず、移住促進策として最も講じられている空き家バンクの現状と課題について整理した上、事例研究を進めていく。

2　自治体の移住促進策

●空き家バンクの成功要因

空き家の利活用支援は、人口減少で悩む地方の自治体などを中心に、早くから空き家バンクの設置を中心に進められてきた。

図表2-1　移住促進の取り組みを公式ホームページに掲載している市町村

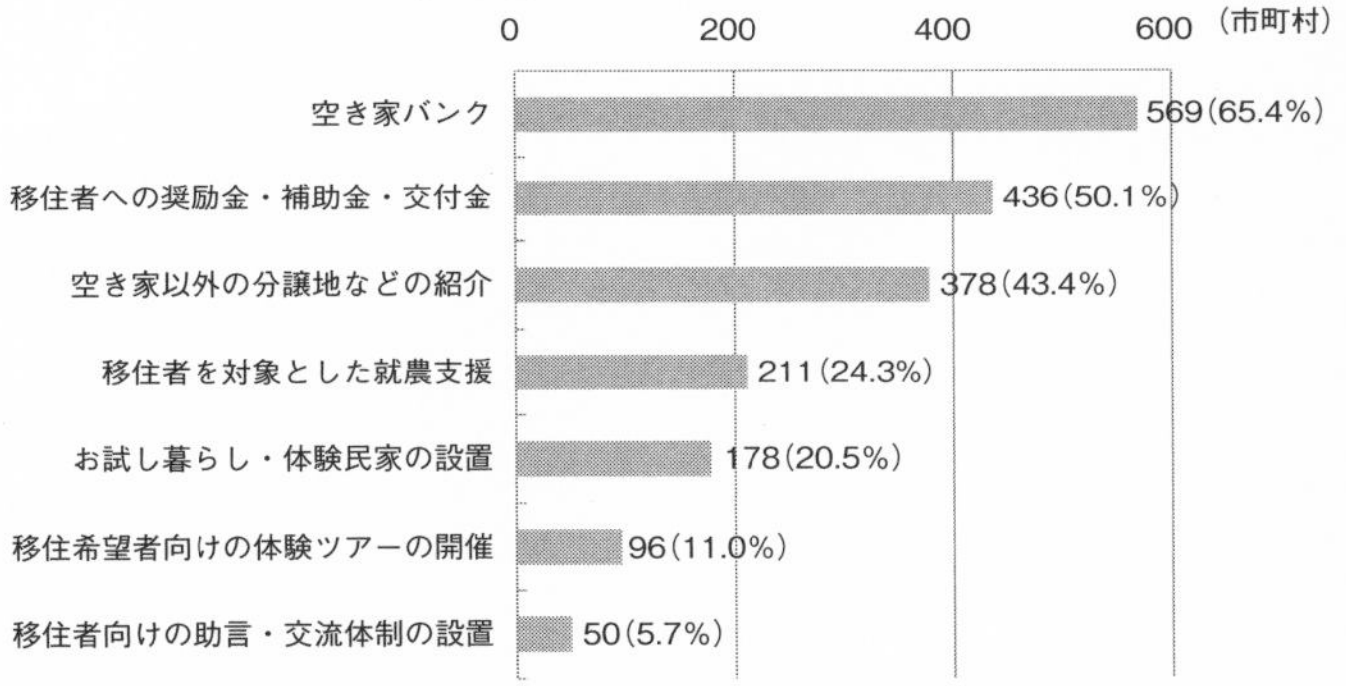

（注）1. 2014年時点
2. 括弧内の数値は、移住促進の取り組みを行っている市町村（870）に対する割合
（出所）　牧山（2015a）

空き家バンクとは、自治体が空き家の登録を募り、ウェブ上で物件情報を公開するなどして、購入者や賃借人を探すというものである。

2014年時点の全市町村のホームページを対象に行った調査によれば、移住促進策に取り組んでいる自治体は半数であり、具体的な取り組みとしては、「所有者が貸与や売却を承諾した空き家のリストをホームページに掲載し、借用や購入を希望する移住希望者に紹介する空き家バンク」の設置が最も多かった（**図表2-1**）。

一方、全国の自治体に対する調査では、空き家バンクを「取り組み済み」が38・9%、「準備中・今後取り組み」が19・1%であった（**図表2-2**）。また、自治体が講じた空き家対策のうち、一番取り組んでい

図表2-2　空き家バンクの取り組み状況

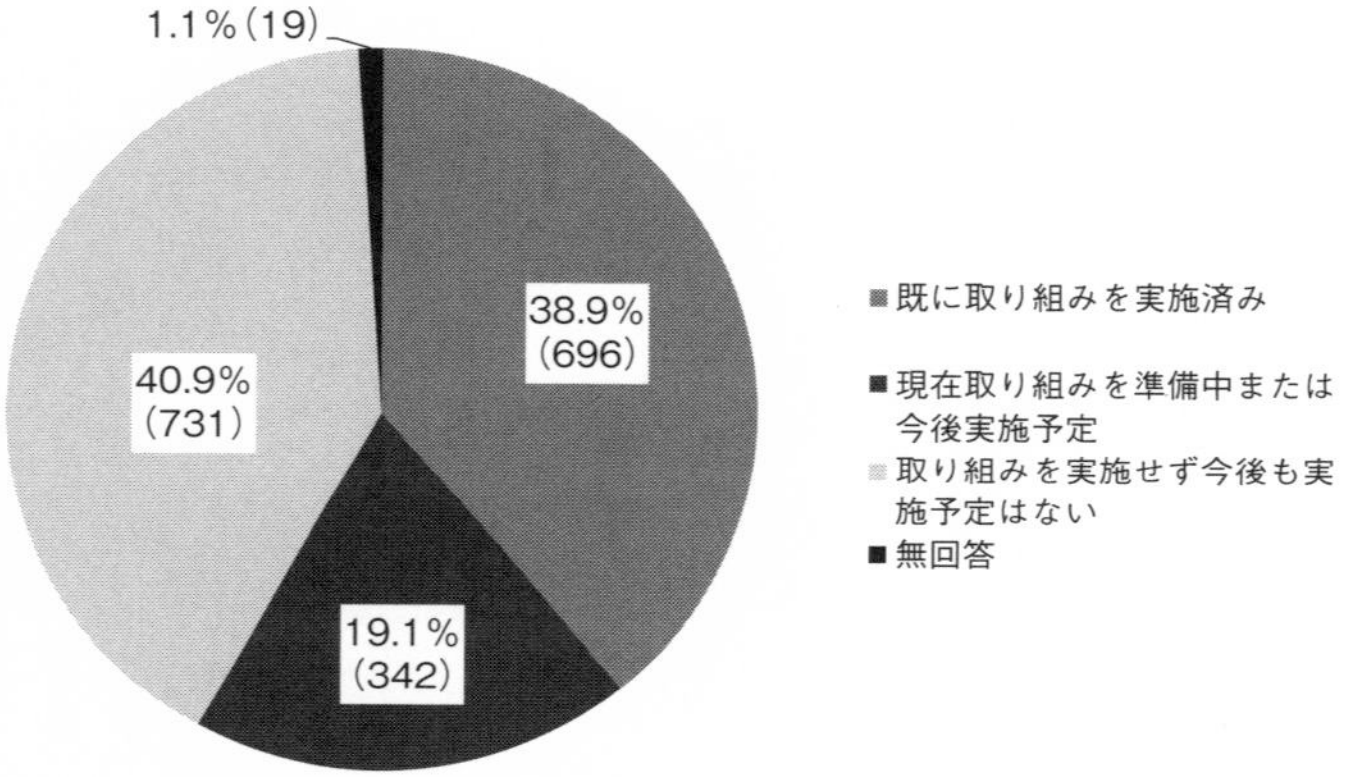

（出所）　国土交通省・総務省「地方公共団体における空家等対策に関する取組状況調査」2015年
（注）　N=1,788

図表2-3　空き家対策の取り組み状況

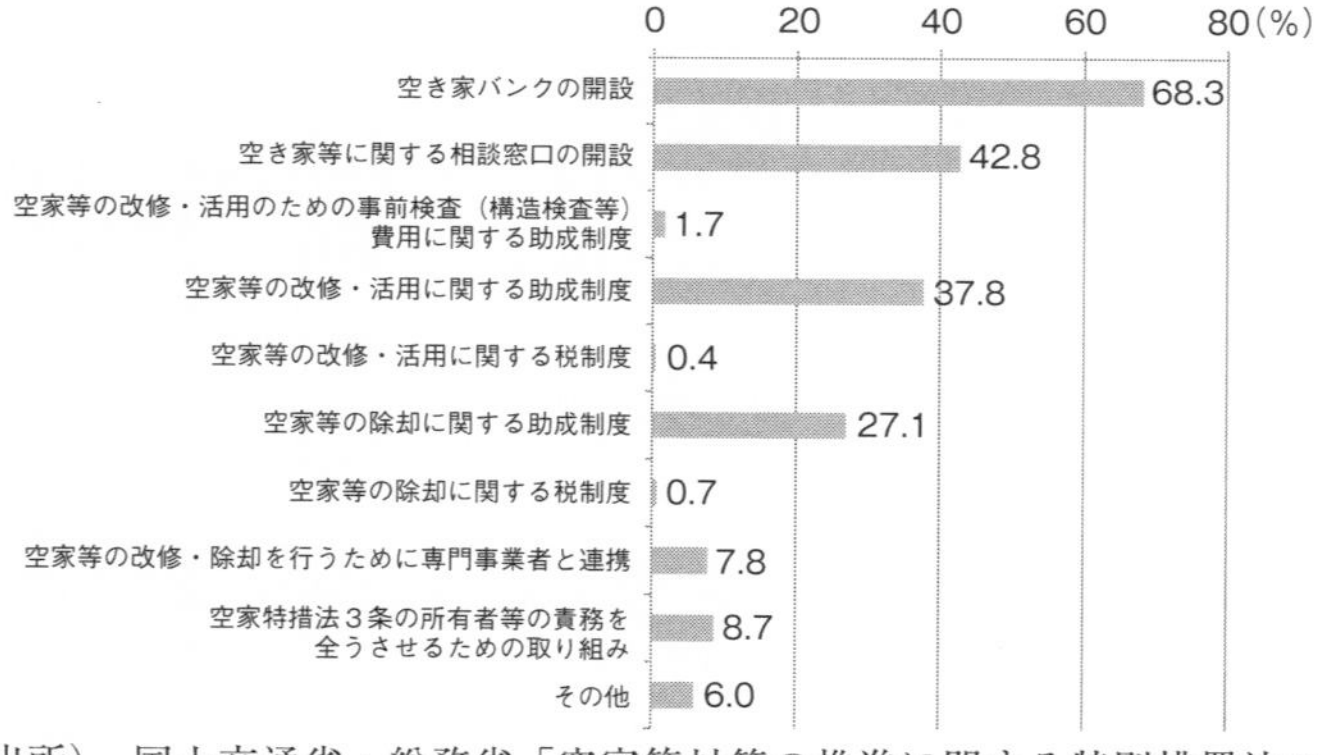

（出所）　国土交通省・総務省「空家等対策の推進に関する特別措置法の施行状況」
（注）　2015年10月1日時点。複数回答。N=950

図表2-4　空き家バンクの成約件数（開設以来の累計）

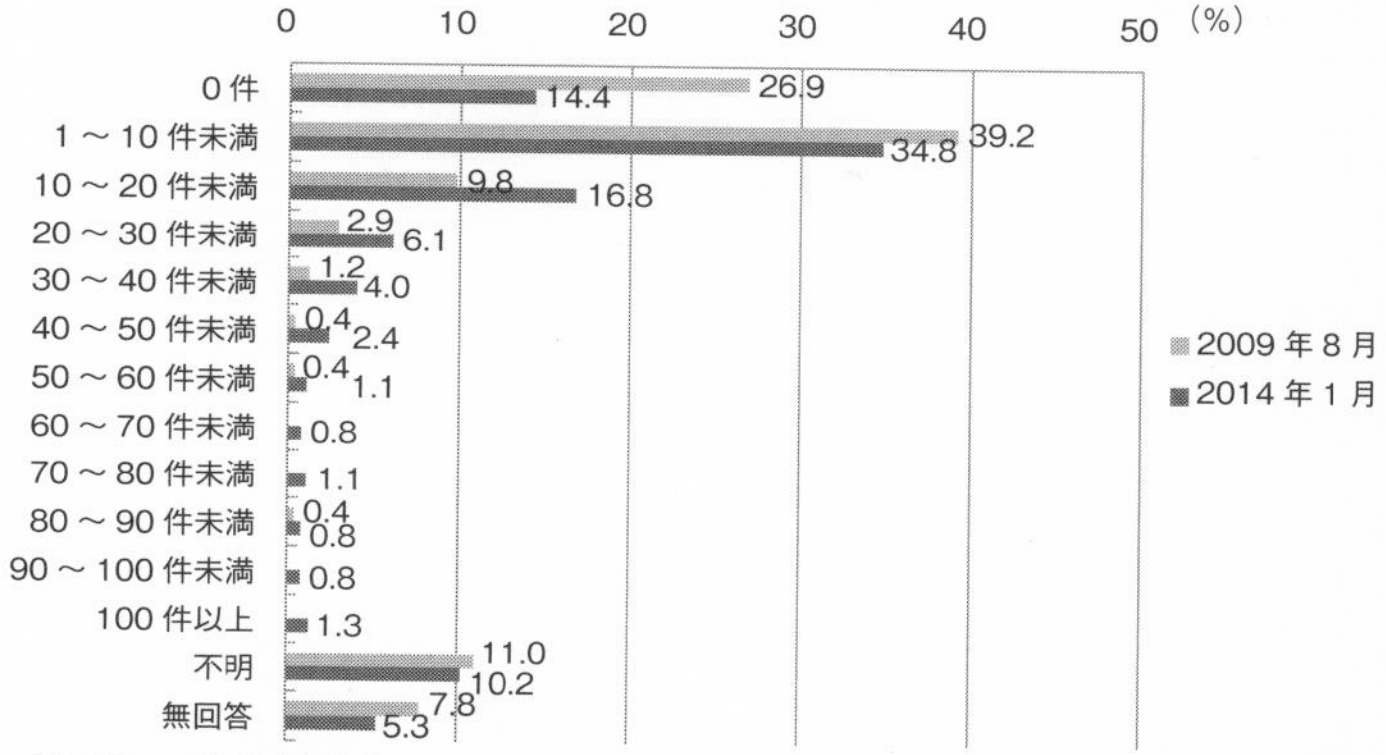

（出所）　地域活性化センター「『空き家バンク』を活用した移住・交流促進調査研究報告書」2010年3月
移住・交流推進機構「『空き家バンク』を活用した移住・交流促進自治体調査報告書」2014年3月

図表2-5　空き家バンクの成約件数（年度別）

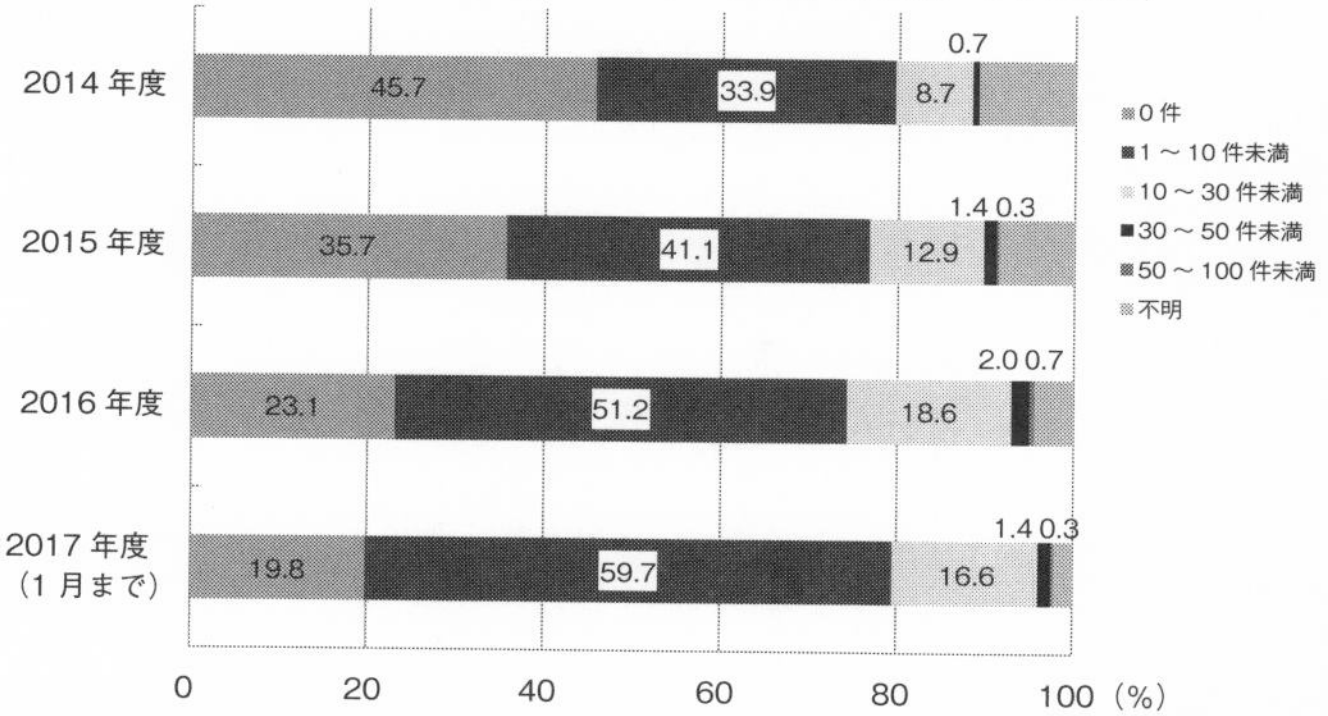

（出所）　移住・交流推進機構「空き家バンクに関する調査調査研究報告書」2018年2月

図表2-6　空き家バンクの物件収集方法と成約件数

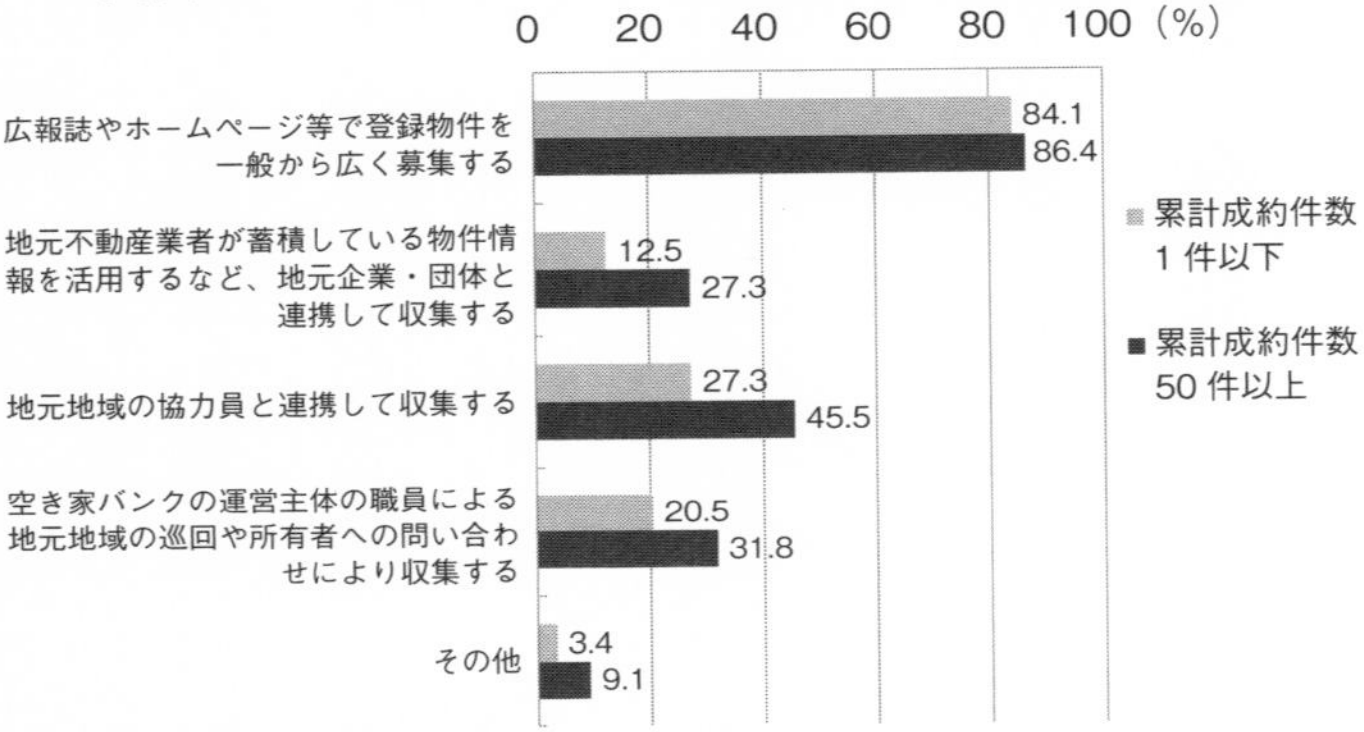

（出所）　移住・交流推進機構「『空き家バンク』を活用した移住・交流促進自治体調査報告書」2014年3月

る割合の高い施策は、空き家バンクとなっている（**図表2-3**）。

自治体は、ここ数年は、都市部、地方を問わず危険な空き家が増える中、その取り壊しなどに追われたが、それ以前から地方の自治体では、人を呼び込む施策として空き家バンクを設置してきた経緯がある。

空き家バンクへの物件登録、成約実績は、空き家バンクによって差が大きい。2014年時点で、開設以来の累計成約件数が0～10件にとどまるものが49％に達する（**図表2-4**）。

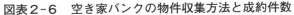

さらに、その後の調査で各年度（15～17年度）の成約件数を見ると、成約件数が0件という空き家バンクが毎年2～3割に達している（**図表2-5**）。空き家バンクを設置したものの、開店休業状態のものが多いことを示している。

そうした中で、実績が出ている空き家バンクは、所有者による自発的な登録を待つだけではなく、不動産業者やＮＰＯ、地域の協力員などと連携して、積極的に物件情報を収集しているものである。

空き家バンクについて、その取り組み状況と成約件数の関係を分析した結果によれば、「広報誌やホームページ等で登録物件を募集する」という取り組みについては、累計成約件数が50件以上の成功している空き家バンクでも、累計成約件数が1件以下の成功してない空き家バンクでも、取り組み状況には差がなかった（**図表2-6**）。こうした取り組みは、いずれの空き家バンクも8割以上が取り組んでおり、物件の登録状況には差は出ていなかった。

一方、「地元の不動産業者が蓄積している物件情報の活用や地域の企業・団体との連携」、「地域の協力員との連携」、「地域の巡回や所有者への問い合わせ」などの取り組みについては、累計成約件数が50件以上の空き家バンクの取り組み割合が高かった。

たとえば、「地元の不動産業者が蓄積している物件情報の活用や地域の企業・団体との連携」については、累計成約件数が50件以上の空き家バンクの27％が取り組む一方、累計成約件数が1件以下の成功してない空き家バンクでは13％しか取り組んでいなかった。

空き家バンクが成功するためには、物件情報の収集について、こうした積極的な取り組みが必要になることがわかる。

さらに、空き家バンクを見て問い合わせがあった場合、物件案内はもちろんのこと、生活面や仕事面など様々な相談にも応じたり、先に移住した人と引き合わせたりするなどきめ細

図表2-7　空き家バンクの受け入れ体制と成約件数

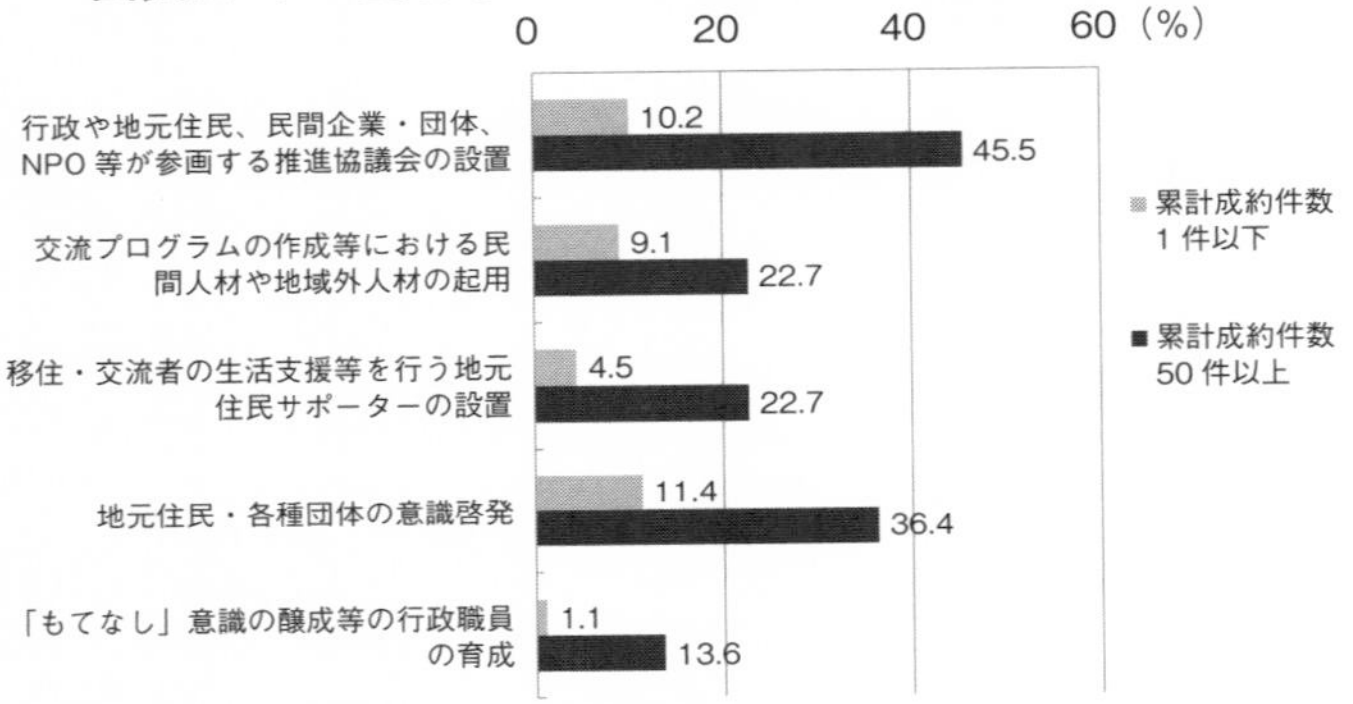

（出所）　移住・交流推進機構「『空き家バンク』を活用した移住・交流促進自治体調査報告書」2014年3月

かな対応が必要になる。こうした対応は、自治体職員だけでは対応しきれないため、ＮＰＯや地元の協力員、先に移住した人などとの連携が必要になる。

一方、移住後の受け入れ体制については、累計成約件数が50件以上の成功している空き家バンクでは、推進協議会の設置、交流プログラムの作成、住民サポーターの設置などの取り組み度合いが高くなっている（**図表2-7**）。こうした手のかかる取り組みを地域が一体となって取り組んでいる空き家バンクが成功していることを示している。

空き家バンクの成約件数が最も多い自治体は長野県佐久市であるが（２００8年度にスタートし、これまでの成約件数は４００件超）、地元に相談員（先に移住した人を含む）を置くほか、東京にも推進員を置いて、移住者の受け入れに取り組んでいる。

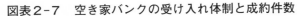

こうした体制作りのほか、移住者を引き付けることのできる、地域の魅力を発信できているどうかも重要になる。佐久市の場合、訪問診療への先進的な取り組みなどで知られる佐久総合病院を中心に、医療が充実している点は、シニア層を引き付ける要因になっている。

●空き家の売却・賃貸化のネック

一方、空き家を売却・賃貸化する場合に、空き家の所有者にとっては、何が問題となるのだろうか。

親の世代が亡くなって空き家となったケースがその典型であるが、しばしば指摘されるのは、帰省したときの滞在・宿泊先や、従前から置いてあった仏壇や家財道具の置き場所として引き続き利用している所有者が多いという点である。仏壇や家財道具の処分には、手間がかかる上、心理的にもなかなか踏み切れない場合が多く、そのため空き家として放置される期間が長くなりがちである。

また、賃貸に踏み切らない理由としては、いったん賃貸すると、返還を求めることが困難であると考えている所有者も多い。

確かに普通借家契約の場合はそうした恐れがあるが（いったん結んだ賃貸契約は更新が原則で、正当事由がない限り、オーナー側から退去を申し入れることはできない）、現在は期限を区切って貸す定期借家の制度（原則、更新しないが、双方の希望があれば再契約可能。２０００年に導入）もある。こうした制度があまり知られていないことにも問題がある。

過疎地で空き家の増加に悩む島根県江津市において、空き家所有者に空き家を貸し出すための条件を聞いたところ（総務省自治行政局・島根県江津市（２００７年））、①空き家の修繕費用を入居者が負担、②賃貸期間を5～10年に限定する場合、③仏壇や位牌の安置場所が確保された場合をあげる所有者が多かった。

①は、自治体が改修費などの補助を行うほか、ＤＩＹ型賃貸の契約形態を活用することでクリアできる。ＤＩＹ型賃貸とは、借主が費用を負担して修繕や模様替えを行い、退去時も原状回復を不要とする契約形態であり、国土交通省が契約のガイドラインを策定している（「個人住宅の賃貸流通の促進に関するガイドライン」２０１４年5月）。

②については、定期借家制度を活用することでクリアできる。

③は自治体で対応することは困難であり、所有者自身によって解決してもらうしかないが、所有者にも金銭的補助を与えることによって、売却・賃貸化に向けて仏壇などを片付けるインセンティブをより高めるという方法も考えられる。

以下では、補助金も含めた自治体の空き家の活用支援策の事例を簡単に紹介する。

空き家利活用促進のための支援措置

空き家バンクに登録された物件を、購入したり借りたりする場合に、改修費を補助する自治体は多くある。

たとえば京都市では、空き家を賃貸用、売却用などとして流通させたり、まちづくり活動拠点として活用する場合に必要な改修費や家財の撤去費用の一部を補助する仕組み（最大90万円）を設けている。京都市の地域資源である町家の活用については、特に手厚い支援が受けられる。

一方、家賃補助の事例としては、大分市の事例がある。大分市では、高度成長期に造成された郊外の一戸建ての団地（富士見が丘団地）が高齢化して、空き家が増えていることに対応するため、同団地に子育て世帯（18歳未満の構成員がいる世帯）が住む場合、家賃の3分の2（上限4万円）を補助する仕組みを2011年度に設けた。これにより7世帯が入居し、子どもも生まれた。

また大分市では、これに続く施策として2013年度に、同市の空き家バンクである「住み替え情報バンク」で中古住宅や空き地を購入した子育て世帯について、固定資産税相当額（土地分）を3年間補助する仕組みを設けた。郊外型団地の空き家増加に悩む自治体は多いため、注目される事例である。

家賃補助の事例としてもう一つ、神奈川県横須賀市の事例をあげておく。横須賀市では市内の谷戸地域（三方を山に囲まれ一方が開けている地域）と呼ばれる地域の高齢化と空き家の増加に悩んでいた。同地域は、住宅まで階段を何段も登らなければならないなど、利便性が高いとはいえない地域である。横須賀市では２０１２年度から、同地域に点在する空き家の活用を促進するため、所有者に空き家の改修費用を補助するとともに、神奈川県立大学保健福祉学部の学生にそこに住んでもらうため、家賃補助（1万円／月）を行う仕組みを設けた。

学生は家賃補助を受ける代わりに、地域のための活動（買い物、ゴミ出し、地域パトロール等）を行わなければならない。２０１２年10月に1棟に学生2名がルームシェアを開始し、これまでに2棟に5名が住んでおり、２０１４年度はさらに1棟追加した。地域で福祉を学ぶ学生を活用することで、高齢化した地域の見守りと空き家の活用を進めようとするユニークな試みといえる。

次節以下では、空き家の活用を含む、移住者呼び込みの先進事例を見ていく。

3　自治体による移住者選抜

まず、移住者呼び込みの戦略として、ターゲットを絞り込む大分県竹田市、島根県江津市、島根県浜田市の事例を紹介する。

●大分県竹田市――伝統工芸職人の呼び込み

全国一の後期高齢化率と「農村回帰宣言」

大分県竹田市は大分県南西部に位置し、熊本県、宮崎県に隣接する。中山間地で1日数万トンともいわれる湧水群（名水百選）が点在し、長湯温泉を始め市内各地に温泉を有する。かつては城下町として栄え、岡城跡は滝廉太郎「荒城の月」のモチーフになったことでも知られる。しかし2010年に、75歳以上の割合（後期高齢化率）が全国1位（25・2％）になるなど、高齢化と人口減少が著しく進展している。

竹田市の2015年時点の人口は2万2、332人（2010年対比マイナス8・6％）で、高齢化率は44・2％に達する（「国勢調査」）。2040年の人口は約1万3、500人（20

15年対比マイナス39・4％)、高齢化率は50・2％と推計されている（「国立社会保障・人口問題研究所」)。「増田レポート」では、消滅可能性都市の一つに数えられている。

2014年5月に日本創生会議（増田寛也座長）が発表したいわゆる「増田レポート」では、20歳から39歳までの女性の数が、2010年から2040年にかけて半分以下に減少する896自治体が「消滅可能性都市」と指摘され、大きな反響を呼んだ。

2009年に現市長である首藤勝次氏が市長に就任すると、著しく進んでいる高齢化への危機感から、竹田市新生ビジョンが掲げられ、それを推し進める政策の一つとして、「農村回帰宣言」が提唱された。都会から農村への移住・定住の受け皿となることで、竹田市の再生を図っていくというものである。具体的には、農村回帰支援センターの設置（移住者へのワンストップサービス)、改修費の補助（費用の1／2、最大100万円)、お試し暮らし助成金（最大6,000円／1人)、集落支援員の配置（旧来の住民との橋渡し）などの施策を打ち出した。

中でも特徴的な施策が、竹工芸・紙すき・陶芸などの分野で、空き家・空き店舗を活用して起業する場合の補助制度（歴史・文化資源活用型起業支援事業補助金、最大100万円）である。

伝統工芸職人の呼び込み

移住者を募る場合にネックになるのが、職の確保である。竹田市のこの仕組みは、地域の伝統工芸である竹工芸や紙すき、陶芸などの分野で、既に手に職のある人にターゲットをしぼって移住してもらうことにより、職の問題を解決しようというものである。すなわち、職は用意できないので、最初から手に職を持った人に来てもらおうという発想に立つ施策である。2012年には全国に知られる大阪府出身の竹工芸家が移住するなど、これまでに11件の補助を行っている。

さらに、職人や芸術家の移住を支援するため、2014年4月には、移転して使わなくなった中学校の校舎に、レンタル工房施設である「竹田総合学院」（TSG）を開設した。各教室を工房としてアーティストに貸し出しており、使用料は100㎡未満が5,000円、100㎡以上が8,000円となっている。竹工芸家、陶芸家、染織家、ガラス工芸家、画家、3Dプロジェクターアーティストらが入居し、落ち着いた環境で創作に取り組んでいる。

これまでに250人以上が移住したが、その8割が20～40歳代と若く、仕事は農業、観光、自営のほか、竹工芸や陶芸などの職人や芸術家となっている。『田舎暮らしの本』誌の「住みたい田舎ベストランキング」で毎年上位となっている。移住した伝統工芸職人や芸術家らは、作品展やイベントを開催するなどして、まちのにぎわい創出にも一役かっている。

このように竹田市では、伝統工芸職人や芸術家へのサポートが充実したまちというイメージが定着し、移住者を募る他地域との差別化に成功し、人が人を呼ぶ好循環が形成されている。「企業誘致」でこれまで苦戦してきた竹田市であったが、仕事を持ち込んでもらうという発想の転換によって、「起業誘致」には成功したということになる。

地域おこし協力隊、とまと学校

移住実績はあがってきているが、人口減少に歯止めをかけるには至っておらず、２０１４年度からは新たな施策として、地域おこし協力隊の受け入れを本格化させた。２０１０年度に採用の協力隊員一人が定住して、移住サポートを行い始めたことを契機に、将来の移住候補者として注目した。受け入れ人数は２０１９年度時点で27人となっている。隊員が竹田市への定住に向け、職探しや起業の準備をしやすいよう、隊員として活動すべき期間を1年目は月の7割、2年目は5割、3年目は3割と段階的に減らすなどの配慮を行っている。また、空きビルを市が出資するまちづくり会社が購入して、隊員の活動拠点として提供している。

このほか竹田市は、寒暖差の大きな気候を活かした西日本有数の夏秋トマトの産地として知られるが、後継者育成を目的とした農業生産法人「とまと学校」を２０１０年に設立した。研修生は地元農家による指導も含め2年の研修を受け、研修期間中は法人から給与が支払われる。研修生のほとんどは農家以外の出身で、県外出身者もいる。卒業後は地元で農業経営に携わることが条件で、卒業生の中には、地元農協に加入する農家平均を上回る反当たりの収穫量を得ているケースもあるという。後継者と移住者の確保という一石二鳥の効果を生む仕組みである。

移住希望者への対応と空き家所有へのインセンティブ

竹田市の移住希望者への対応は丁寧である。職員が数か月から1年半ほどはメールでやりとりし、希望するライフスタイルを見極め、必要な情報を提供する。家探しには職員が付き添い、地元の農家と交渉して泊めてもらうといったこともしている。また、子どもがいる家族を小学校の運動会に招待するなど、移住後の暮らしをイメージしてもらえるよう努めている。マッチングを重視しており、必ずしも数は求めていない。トラブルが発生するケースが出ると、移住支援策そのものへの信頼性が損なわれることになりかねないため、地域とのつながりや移住者同士の関係性構築に力を入れている。また、2013年に設けた交流館「集」では、移住前の相談ができるほか、移住後の交流施設としても機能している。自治会長からの推薦で市長が委嘱する集落支援員も、移住前後の関係性構築に貢献している。

一方、竹田市では、移住者に提供する空き家の物件登録を増やすため、売却または貸し出した場合、成約時に10万円を支給するという、空き家所有者へのインセンティブも設けている。これにより、空き家バンクへの登録が増加する効果がみられたという（これまでの利用実績は50件以上）。

先に、空き家所有者が物件を出し渋る要因として、仏壇や家財道具の存在があることを指摘したが、これを自治体自らが処理することは困難であるものの、その代わり、このようなインセンティブを設けることにより、売却、賃貸化に踏み切る決断の後押しをすることは可能と考えられる。

現在は、空き家バンクへの登録インセンティブを設ける自治体が増えており、竹田市のように成約の条件は課さず、登録するという前提で、家財道具の運搬・処分、清掃費用などを補助する事例が増えている。

空き家の活用という点では、２０１７年8月に移住者が、築40年余りの木造の空き家をリノベーションした宿泊施設「竹田まちホテル」をオープンさせた。改修費用は県と市から助成を受け、運営は市から委託を受けた移住者が代表を務める会社が担う。東京からの移住者が、空き家が点在する城下町を見て、このような取り組みを行った。

このほか竹田市では、空き家の活用だけではなく、子育て層向けには、子育て定住促進住宅の建設や分譲住宅地の造成、また、単身者向けには共同住宅（１Ｋの居室）の建設にも注力しており、受け皿としての住宅の充実にも取り組んでいる。

●島根県江津市――ビジネスプランコンテスト

江津市では、改修費の補助などを行うほか、働き場がないなら最初から働き場を作り出すことのできる人材を誘致するため、ビジネスプランコンテストを実施して人材を発掘したほか、インキュベーション施設（共同オフィス）を設置したり、Ｕ・Ｉターン希望者と地元の人材が交流するNPO法人「てごねっと石見」を設立した。

このように、過疎地域の空き家の活用については、地域活性化を同時に達成しようとする仕組みが登場しており、成果も出ている。

職は用意できないので、初めから手に職を持っている人に来てもらうという発想は、島根県江津市でも共通している。江津市は、

東京から一番遠いまち

島根県西部に位置し、東京からの移動時間が一番遠いといわれる場所にある。県内自治体の中でも早くから人口減少、高齢化が進行しており、「増田レポート」では消滅可能性都市の一つに数えられている。2015年時点の人口は2万4、468人（2010年対比マイナス4・8％）で、高齢化率は36・6％に達する（「国勢調査」）。2040年の人口は約1万5、600人（2015年対比マイナス35・9％）、高齢化率は41・7％と推計されている（「国立社会保障・人口問題研究所」）。

江津市の合併前の旧桜絵町は、1990年代前半に日本でも最も速く「定住支援」を掲げた自治体と知られ、早くから空き家バンクの制度を設け、U・Iターンの受け入れに熱心だった。こうした流れは2004年の合併後にも引き継がれ、2006年に空き家の悉皆調査を行った上で、空き家バンクの活性化に取り組んできた。空き家の改修費を半額補助したり（上限100万円、2010年度300万円）、U・Iターン者の地域とのトラブルを回避するため、事前に地域活動への参加が可能かどうかをヒアリングしたりするなどの活動を行ってきた。

空き家の利用実績は、これまでに250件以上にのぼる。

リーマンショックの前後には、地場産業である石州瓦の衰退、経営破綻や誘致企業撤退などにより経済が冷え込み、多くの雇用が失われた。そこで江津市では、これまでの定住支援の実績を活かし、新たな雇用創出策を検討することになった。それ以前から、空き家活用の問題点としては、他の多くの自治体も直面する課題であるが、紹介できる仕事に限りがあるという問題を抱えていた。そうした中、空き家への移住者が行ったお茶の生産事業が50人近い雇用を生む事例が現われるなどして、農業やものづくりなどで何かしたいという目標が明確な人や、手に職を持った人の方が長続きすることがわかってきた。

ビジネスプランコンテストによる起業者呼び込み

そこで出てきたのが、空き家・空き店舗を活用して起業するビジネスプランのアイディアをコンテスト形式で募るというものであった（「Go-Con」）。地域の課題解決につながるようなプランを提案してもらい、その後の創業を支援するものである。大賞受賞者には賞金100万円が贈られ、受賞者は1年間、市内で活動しなければならない。プラン実現にあたっては、地元商工会議所、信用金庫などがバックアップする。

2010年12月に開催された初のビジネスプランコンテスト「Go-Con2010」では、全国から25件の応募を集め、4名が受賞した。その後、ビジネスプランコンテストは江津市の恒例となり、2016年に7回の開催を数えるまでとなった。3回目以降は、より実現性の高い提案に絞り込むため収支計画書の提出を義務付けている。

起業準備中の受賞者の受け皿として、NPO法人「てごねっと岩見」が2011年に設立され、コンテスト運営も担っている。「てごする」とは、手伝うという意味の方言である。

これまで、若者と地域企業をつなぐインターシップ事業、竹炭を使った鶏卵づくり、空き家のリノベーションや家具のデザイン・制作、江津産の大麦や県内産の米・麹、ゆずなどを使ったクラフトビール製造など、地域に密着したビジネスプランが実現された。

受賞したビジネスプランはコンテストを通じ周知されているため、地域の支援を受けやすく、また、受賞者にとってもすでに顔が知られているため、関係性を構築しやすいメリットがある。地域には、積極的に支援して育てていきたいとの思いが共有されることになる。

こうして江津市には、目標を持った意欲の高い移住者が集まってくる場となった。また、受賞者の活動を見て移住してくる人や、面白そうなまちだと移住してくる人が増えるなどの波及効果も生じるようになった。こうして江津市では、人が人を呼ぶ好循環が形成されている。江津市の商店街では、ビジネスプランコンテストの受賞者も含め、ここ数年で20以上の店舗が開業するなどの効果が生まれている。

島根県浜田市——シングルペアレントの呼び込み

浜田市は島根県西部に位置し、2015年時点の人口は5万8、105人(2010年対比マイナス5・8%)で、高齢化率は33・7%に達する(「国勢調査」)。2040年の人口は約4万1、200人(2015年対比マイナス28・9%)、高齢化率は39・97%と推計されている(「国立社会保障・人口問題研究所」)。

増田レポート後に進んだ取り組み

「増田レポート」で消滅可能性都市とされたことで危機感が高まり、2014年8月に、女性職員有志14人による「CoCoCaLa(ここから)」プロジェクトが立ち上げられた。ここで出てきた提言の中に、ひとり親に対する支援の充実があり、他方、浜田市では介護職の人材が足りないという問題を抱えていたことがあり、この2つを組み合わせるアイディアが浮かんだ。すなわち、ひとり親の移住者を募集して、介護サービス事業所の職を紹介し、養育費の支給など手厚い支援を行うというものである(「シングルペアレント介護人材育成事業」)。ひとり親世帯の支援と介護職の確保を両立させ、人口減少に歯止めをかけることが期待された。

2015年度に開始されたこの仕組みは、高校生以下の子がいるひとり親が対象で、1年間の研修期間内に、月給15万円以上、養育支援金月額3万円、一時金130万円（引越しの支度金30万円、1年間勤務した時点での奨励金100万円）を支給する。このほか、家賃補助月額の2分の1（上限2万円）、自動車を保有していない場合は中古自動車の無償提供を受けることができる。ひとり親が働く介護サービス事業所は、特別養護老人ホームなど7施設である。浜田市ではこのほか、移住者向けに空き家バンクを設置している。

事業所はひとり親に「介護初任者研修」を受けさせるが、その費用として市が事業所に月額3万円を支給する。最初の1年間で対象者が受け取る金額は400万円近くとなる。財源は、国の地方創生交付金と島根県の「しまね型仕事創出補助金」を活用している。なお、一時金については事業者による支払いとなっている。事業者にとっては、1年目に130万円の負担が生じるが、人材不足が慢性化している中、定着し得る人材を確保することのできるメリットがある。

受け入れ後の課題

2015年度は3名程度の募集とし、特徴ある取り組みとしてマスメディアで報道されたこともあり、31都道府県から153件の問い合わせがあった。5月の締切りまで応募は、都市部を中心に14人あり、うち見学・面談会には6人が参加した。最終的に大阪府と愛知県のシングルマザー4人が採用となり1期生となった。子どもを含めると9人が浜田市に移住し、2015年10月から研修が始まった（その後1人は辞退）。なお、対象をシングルペアレントとしているため、応募できるのはシングルマザーに限らず、実際、応募者の中にはわずかであったが男性もいた。

1期生受け入れ後に浮かび上がった課題は、次のような点であった。一つは、夜勤する場合の子どもの世話の問題である。夜間対応の保育所はなく、ファミリーサポート事業（夜1時間800円で子どもの面倒をみるもの）によって対応している。もう一つは、1年間終わった後の定着の問題である。この点については、地域との橋渡し役として生活相談員を配置している。

2期生は2015年11月～2016年1月にかけて募集し、2016年4月から研修を開始した。2期生以降は秋に募集し、翌4月から研修というスケジュールとした。また、1期生は市外在住という条件であったが、県内で人材を奪い合うことは望ましくないとの考えから、2期生以降は県外在住という条件に変更した。2017年6月現在、9世帯21人が移住し、今も6人が介護施設で働いている。

ひとり親世帯呼び込みの功罪

これまで浜田市でも、移住者の募集に力を入れてきたが、特徴作りが難しかった。都会では仕事を見つけにくいひとり親世帯にターゲットをしぼって、手厚く支援するというアイディアは初めてだったことで、全国的に注目され、希望者が多く現れた。

竹田市の伝統工芸職人の呼び込みや、江津市の起業希望者の呼び込みとは異なるが、やはり、移住者の呼び込みには、特徴ある働きかけをして差別化することが一つの手であることがわかる。

浜田市の取り組みをきっかけにして、ひとり親世帯への支援を講じる自治体が増えた。北海道幌加内町、三重県鳥羽市、新潟県などがある。大分県国東市や長野県須坂市など職種にこだわらず受け入れる例もあり、長野県では製造業や小売業も就労条件に追加している。また、福島県川内村は、村内企業の正規雇用を斡旋している。

自治体にとっては、移住したひとり親がシングルマザーの場合、地元男性との結婚や出産の期待もあると考えられる。ただ、自治体によっては、移住したひとり親ばかりではなく、従来から市内に住むひとり親世帯への支援も手厚くすべきとの批判もある。また、たった数世帯の移住では介護の担い手不足の解消にも、人口減対策にもならないとの批判もあるが、浜田市ではこれが毎年続けば5年で50人ほどの転入になると反論している。

4　移住者呼び込みの好循環

こうした自治体による人材募集、移住者選抜という要素も早くに取り入れ、移住者呼び込みで全国的に有名になった事例としては、徳島県神山町と島根県海士町がある。

●徳島県神山町——ＩＴ企業による魅力発見

神山町は徳島県のほぼ中央に位置する山間部にあり、徳島市内から車で40～50分ほどの距離にある。

神山アーティスト・イン・レジデンス

人口減少、高齢化が進んでいる地域で、２０１５年時点の人口５、３００人（２０１０年対比マイナス12・２％）、高齢化率は49・５％に達する（「国勢調査」）。２０４０年の人口は約2、３００人（２０１５年対比マイナス54・８％）、高齢化率は59・５％と推計されている（「国立社会保障・人口問題研究所」）。「増田レポート」では消滅可能性都市の一つに数えられている。しかし近年は、ＩＴ企業がサテライトオフィスを設置し、クリエーターや職人などが多数移住するなど、その取り組みが全国の注目を集めてきた。

徳島県では、２００７年にＵ・Ｉターンを促進するため、移住交流支援センターを県内８か所に設置したが、町にはノウハウがなかったため、それまで芸術家の滞在支援などを行ってきたＮＰＯ法人グリーンバレーに業務を委託することとした。

グリーンバレーが設立されたのは２００４年のことであるが、活動の源流は１９９１年の「アリス里帰り委員会」にまで遡る。これは、太平洋戦争前にアメリカから寄贈され、神山町内の小学校に保管されていた人形のアリスを、送り主の元に里帰りさせようとする取り組みであった。当時、小学校のＰＴＡ役員で、後にグリーンバレー理事長となる大南信也氏が中心となって、人形をペンシルベニア州ウィルキンスン市に里帰りさせることができた。この取り組みを契機に、１９９２年に、ＡＬＴ（外国語指導助手）の事前研修受け入れを行う、神山町国際交流協会が設立された。

そしてその後、１９９７年に徳島県が策定した新長期計画に「とくしま国際文化村構想」が盛り込まれると、大南氏らは神山町に国際文化村委員会を組織し、「神山アーティスト・イン・レジデンス構想（ＫＡＩＲ）」を県に提案し実現した。神山町に国内外のアーティストを招き、３か月の滞在期間中に作品を制作してもらう取り組みである。国内外から毎年３名、１９９９年の開始以来、招いたアーティストの数は50人以上にのぼる。

ＫＡＩＲを続けていく過程で、神山町の創作環境に評価が高まり、招聘したアーティストが移住を希望することが出てきたり、招聘から漏れても自費での滞在希望も出てきた。また、グリーンバレーは空き家を紹介し、移住・滞在支援を行っていく過程で、ノウハウを蓄積していった。

また、グリーンバレーがＫＡＩＲの情報発信を目的に開設したサイト「イン神山」では、アートに関するコンテンツ以上に、神山で暮らすための古民家情報へのアクセスが多いことがわかり、アーティスト以外にも移住先として神山町に興味を持っている層が一定程度いることがわかってきた。

こうしたこれまでの活動の経緯が評価され、徳島県が移住交流支援センターを設置する際、神山町以外は役所の中に置かれたのに対し、神山町だけではグリーンバレーに業務が委託された。

グリーンバレーは移住者の募集、選定に当たって、民間ならではの柔軟な発想で行った。移住する場合にネックになるのは働き口であるが、仕事を持ち込んでもらえばよいという発想である（「ワーク・イン・レジデンス」）。

ワーク・イン・レジデンス

移住希望者の中から、神山町で自立して暮らすことのできる、手に職がある人や起業家など、対象者をグリーンバレーが指名する形での移住が行われている。１９５０年代には40店舗近くあった地元の商店街は、２００８年頃には6店舗ほどまで減少していたが、たとえば、そこに入るパン屋を経営してくれる人といった具合に、必要な働き手や起業家を逆指名するというものである。

つまり、まちのためにどのような仕事をできる人に来てもらうかを決めるもので、移住と起業による商店街活性化を同時に達成することができる。選定は、移住希望者の情報（年齢、職業、家族構成、夢・ビジョン）やヒアリングなどから判断している。グリーンバレーは、移住者の選定、空き家の斡旋、居住環境の整備などを担っている。

神山町は２０００年頃まではIターン者はほとんどいなかったが、ワーク・イン・レジデンスの開始後は、パン屋、カフェ、レストランなど様々な仕事を持った人が移住、開業するようになった。移住者が増えれば、生活に関する様々なニーズが増え、新たな移住者が必要とされるなど、人が人を呼ぶ好循環が出てきた。

また、グリーンバレーでは、２０１０年から、求職者にスキルを身につけてもらう支援プログラムである神山塾「イベントプランナー・コーディネート養成科」を開設している。厚生労働省の求職者支援制度の一環である。期間は半年で、受講者は20代から30代の若手が多く、修了後は神山町で起業したり、グリーンバレーで働いたりするなど、半数近くが移住者として残っており、人材の供給源になっている。

サテライトオフィス

ワーク・イン・レジデンスの活動により起業家の移住が増えたが、その後、空き家にサテライトオフィスの設置を希望するＩＴ企業が現われるようになった。そのきっかけは、２０１０年にグリーンバレーが商店街再生の一環として、長屋の空き家をオフィス兼住居に改修した「オフィスイン神山」であった。県出身の建築家や建築科の学生が参加した。

サテライトオフィスの誘致については、もともと特別な活動を行っていたわけではない。改修に携わった建築家と大学同期であるＩＴベンチャー「SanSan」（クラウド名刺管理ソフトを開発・販売）の社長がテレワークのできる場所を探していて、神山町を訪れた。社長は神山町のネット環境やグリーンバレーの取り組みの話を聞き、神山町の環境が気に入り、即決で築70年の古民家を借りることを決め、２０１０年にサテライトオフィス第1号ができた。

当初は本社からの社員の希望で2週間～数か月滞在するだけであったが、移住を希望した社員や徳島での現地採用があり、現在は常駐型の社員もいる。

ネット環境としては、2004年に総務省の補助事業によって、神山町が全戸に光ファイバー網を設置していたことから、高速通信の環境が整っていた。徳島県では、地上デジタル放送への移行対策として、「全県CATV網構想」を策定し2002年から推進していたが、これにより神山町でもブロードバンド環境が整備されていた。

神山町にサテライトオフィスを立地するメリットとしてはこのほか、山間部に位置し地盤が強固で地震や津波などに強いこと、徳島市内から近く県外からのアクセスがよいことなどがある。ただし、これは徳島県内の他の自治体にもあてはまることで、神山町にあってほかの自治体にないものとしては、グリーンバレーの長年の活動を通じて形成されている、アーティストなどクリエイティブな人々が地域に溶け込んで自由に活動している、地域の雰囲気がある。

その後、テレビなど多数のメディアに取り上げられるようになったこともあり、サテライトオフィスの開設希望が増えていった。現在、12社がサテライトオフィスを設置している。その業務内容は、プログラム開発、ウェブデザイン、グラフィックデザイン、番組の文字情報配信、4K・8K高画質映像編集、3Dモデラー（実物大の模型の製作）などである。

いきなり空き家を改修して入ることに不安のある企業や起業家向けには、町所有の元縫製工場を改修した共同オフィスとして、２０１２年に「神山バレー・サテライトオフィス・コンプレックス」を開設した。オープンな空間で、起業家同士や地域住民との交流もできる。

サテライトオフィスを開設した企業の中には、定住する社員が現われたり、現地雇用を行う企業も出てきた。その代表的企業が、プラットイーズ（通称、えんがわオフィス）である。東京広尾に本社を置く企業で、テレビ局が業務用に使用する番組情報の運用、配信業務など行っている。神山町に設置したえんがわオフィスは、本社のバックアップ機能を担うとともに、４Ｋ・８Ｋ高画質映像の編集、配信などを行っている。

えんがわオフィス

開設後は、現地で20名ほど採用し、また、えんがわオフィスにある広い縁側には地域や他のオフィスの人たちが集まって交流するなど、地域の中心的な存在となっている。また、２０１５年には、サテライトオフィスワークを体験できる宿「ＷＥＥＫ神山」をオープンさせ、地元栽培のオーガニック食材を使った食事が提供されている。オーガニック食材の使用は、地元で生産する人への需要を高めることにもつながる。

サテライトオフィスの開設は、当初は、社員が入れ替わりで短期間滞在するだけで、地域の雇用には波及効果がないとの見方が多かったが、今では現地雇用や移住者増加の効果を生んでいる。このように神山町では、グリーンバレーのアーティストの受け入れから始まった活動が移住支援につながり、起業家、ＩＴ企業などの多種な職種の人々を呼び込むに至っている。

アーティストの受け入れから始めたのが、その後もクリエイティブな人材を受け入れる素地を作り、移住支援も逆指名する形で地域に必要な人材を獲得するユニークな取り組みを行い、そうして形成されたまちの雰囲気が高速通信環境と相俟ってIT企業を多数引き付けるに至った。このように神山町では段階を経て人を引きつけ、人が人を呼ぶ好循環に至ったと考えることができる。特筆すべきは、こうした移住者の呼び込みは、町の財政支援をほとんど受けていないということである。

島根県海士町――若者のIターン起業

財政破綻の危機

海士町は、島根県の沖合いにある隠岐諸島に属する。海士町は島前と呼ばれる知夫村、海士町、西ノ島町の3つの島の1つで、杉並区ほどの大きさである。1950年頃には人口は7、000人近くあったが、2015年時点の人口は2、353人(2010年対比マイナス0・9%)、高齢化率は39・0%に達する(「国勢調査」)。2040年の人口は約1、400人(2015年対比マイナス39・8%)、高齢化率は46・3%と推計されている(「国立社会保障・人口問題研究所」)。「増田レポート」では消滅可能性都市の1つに数えられている。

海士町は離島振興法などに基づく国の公共事業で生かされ、それによって暮らしは改善したが、2001年度末の地方債残高は101億円にも達していた。1994年に14億円あった基金を取り崩してきたが、このままでは立ち行かなくなるとの危機感から、2002年に前町長である山内道雄氏が当選後、町の改革が進められるようになった。

平成の大合併が進む中、離れた島同士が合併しても効果が期待できないことから、単独生き残りを決断し、2004年3月に「海士町自立プラン」を策定した。守りの戦略として徹底した行財政改革、攻めの戦略として地域資源を活かした雇用の創出が掲げられた。

まず、行財政改革としては、山内町長は町長当選後すぐ自らの給与を50%カットした。国からの補助金減少、地方交付税の削減が進められる中、北海道夕張市が陥った財政再建団体への転落の可能性が高まっていた。町長の動きに町の幹部職員や議会が直ちに反応し、給与カットを申し出た。地域も反応し、老人クラブからバス料金の値上げや補助金返上の申し出があったり、応援の寄付も寄せられるようになるなど、町民の間でも危機感が共有された。給与カット分は子育てや産業振興に充てられることとされた。

攻めの戦略の第一は、島まるごとブランド化戦略である。あらゆる支援措置を活用して、地域資源を活かした産業振興に取り組むこととされた。

さざえカレー

肉の代わりにさざえを用いた「島じゃ常識　さざえカレー」がすでにヒット商品になっていた。さざえを具材にしたカレーが島外では珍しいと気づいた町の職員が、農協婦人部と協力して開発した。牛肉や豚肉が手に入りにくい町民にとって、カレーにサザエを入れることは当たり前だが、島外の人にとっては新鮮だった。

「島じゃ常識　さざえカレー」の商品化では研修生も力になった。１９９８年度から海士町では、商品開発研修員制度を導入しており、毎年、数名の研修生を町の臨時職員として受け入れ、月15万円の給与を支給している。地域資源を外部の目で発見し、新製品・サービスを開発してもらおうというものである。島の助っ人となる研修生は30名が採用され、６名が定住し、１名が起業している（２０１５年度末）。

「島じゃ常識　さざえカレー」は、町が製造から販売まで手がけ、１９９９年度から発売して、すぐに年間５万食を販売し、２０１５年度の売上高は３、０００万円に達した。初年度から３万食を売るヒット商品になった。

いわがき

さざえカレーに次いでヒットしたのが、いわがき「春香」の生産、販売である。

ダイビングするため神奈川県から移住したＩターン者が、いわがきの養殖を提案して地元の漁業者とともに事業に取り組んだ。２００６年に、海士いわがき生産という会社を立ち上げ、「春香」のブランド名で売り出すと、おいしいと評判になった。地元やＩターン者の雇用を生み出し、いまや年間50万個の生産能力を持つまでに成長している。

いわがきの鮮度を保ったまま消費地に輸送することを可能にしたのが、細胞組織を壊さずに生かしたまま凍結保存する装置「ＣＡＳ（Cells Alive System）」の導入であった。Ｉターーン者が首都圏に営業に出向いた際に、この技術に出会い、町に導入を訴えた。２００５年にＣＡＳ凍結センターを建設し、町が90％出資する第三セクター㈱ふるさと海士が設立された。導入に5億円もかかるため、反対する声もあったが、町長の決断により導入した。それまで、海士町は海産物に恵まれながら市場へ運ぶのに時間とコストがかかるのがネックであったが、ＣＡＳの導入により、単価の高い築地市場に出荷することが可能になった。完全なトレーサビリティも売りにしており、信頼を得ている。現在は、飲食店への直販、年間契約販売、中国やアメリカ向けなど販路は大きく広がっている。

いわがきだけではなく、現在は白いかなども人気商品となり、首都圏の飲食店や百貨店のギフトなどに採用されている。いわがき以外は、㈱ふるさと海士が買い取っているが、漁業者の意識も変わってきた。丁寧に手釣りした傷のない白いかは、高値で取り引きされることがわかったからである。

隠岐牛

島で肥育する隠岐牛も、ブランドとして認知されつつある。隠岐の隠れた特産としては、昔から肉牛用の子牛があった。隠岐で生まれた子牛が全国の産地で成牛に育てられた後、神戸牛、松坂牛などそれぞれのブランド牛として出荷されてきた。これに対し、地元の建設会社が、公共事業の減少で売上高が大幅に落ち、もはや公共事業に頼れないとの判断から、畜産業への進出を決意し、２００４年に隠岐潮風ファームを立ち上げた。従来行われてこなかった島での成牛の肥育に挑戦し、「隠岐牛」をブランド化しようと考えた。

海からの潮風が年中吹いているため、牧草にはミネラル分が多く含まれ、おいしい肉質に仕上がるという。企業として畜産業に参入するため、海士町は構造改革特区（2004年3月）を申請し、農地法の規制緩和を受けた。

2006年に初出荷した黒毛和牛「隠岐牛」は、最高ランクのA5を取得し、全国の有名和牛にひけをとらない高値をつけ、隠岐牛はブランドとして認められた。隠岐牛の高い評価は、隠岐の子牛の価格上昇につながり、地元の畜産業に活気が出てきた。舎や牧場整備など新たな建設需要も出ている。2016年夏には、東京銀座に隠岐牛肉を中心としたパイロットショップを開店し、今後がさらに期待されている。

海士乃塩　地域資源の商品化の取り組みは、その他には「海士乃塩」、クロモジを原料とした「ふくぎ茶」、「干しナマコ」などがある。海士乃塩は、単体で販売するだけでなく、海士乃塩を使用した梅干や塩辛などの加工品も作られるようになっている。干しナマコは、Iターン者の取り組みによって商品化された。近年は、希少海藻の養殖や商品化に向けた研究も行っており、そのための拠点として、2014年に海士町海藻センターを設置した。

これら数々の地域資源を活かした商品販売によって雇用機会が増加し、都会から移住する若者も増え、現在は島の人口の1割ほどがIターン者となっている。破綻しかけた財政も健全化に向かっている。

高校魅力化プロジェクト

海士町では、教育にも力を入れている。島前3島の3町村（西ノ島町、海士町、地夫村）の高校生らが通う県立隠岐島前高校は、2008年度には新入生が28名にまで減少し、統廃合が懸念される事態となった。高校が消滅すれば、若者が島からいなくなるばかりか、子どもを持つ世帯の流出にもつながり、衰退に拍車がかかる。

そこで2007年から、「島前高校魅力化プロジェクト」を始動させ、カリキュラムを改革し、地域との連携も図るなどの取り組みが進められた。プロジェクトのキーマンはIターン者である。

生徒を全国から受け入れる島留学を推進するため、東京、大阪などで説明会を開催した。島留学生は、寮費や食費の補助を受けることができる。進学を目指す生徒向けは、学校と連携した公営塾「隠岐國学習支援センター」を設け、大学進学に備えたプログラムを受けられるようにした。そうした努力の結果、2015年4月の島留学生は、全校生徒160人の半分にものぼるまでになった。

留学生にとっては、島で暮らすこと自体が貴重な経験であり、地元の生徒は留学生から刺激を受けている。進学実績も上がり、有名大学への合格者も出すようになっている。海士町で学んだ生徒には、海士町の魅力を全国に持ち帰り、少しでも広めてもらうことも期待している。

以上のように、海士町の取り組みは多岐にわたる。ＣＡＳの導入や第三セクターの設置、構造改革特区の申請、高校魅力化プロジェクトなどで行政としての役割を果たし、アイディアはＩターン者や地元の意欲ある人など民間の発想を活かし、官民連携で地域再生を果たしている事例と捉えることができる。

5　移住者呼び込みの戦略

本節においては、移住者を呼び込む戦略として、まず、ターゲットを絞る戦略を取り上げた（図表2-8）。

竹田市の伝統工芸職人の呼び込み、江津市のビジネスプランコンテストとも、施策がきっかけになって興味を持つ移住者が集まる効果が生まれており、人が人を呼ぶという好循環が生まれつつある。インキュベーション施設として、竹田市では竹田総合学院、江津市ではてごねっと石見を設置しており、起業に向けた訓練や人脈を作ることができるようになっている点も、移住希望者にとっては好都合と考えられる。

浜田市の場合は、不足する介護職を埋めるためシングルペアレントに目をつけた点がユ

図表2-8　移住者呼び込み策の類型

	自治体名	契　機	施策 ターゲット	インキュベーション施設、起業・就業支援	成　果
自治体による移住者選抜	大分県 竹田市	著しい高齢化の進展	地域に根差した分野の伝統工芸職人	竹田総合学院	一定の成果
	島根県 江津市	地場産業衰退 誘致企業撤退	ビジネスプランコンテストで提案募集	てごねっと石見	一定の成果
	島根県 浜田市	「増田レポート」で消滅可能性自治体に	シングルマザーを介護職として募集	介護サービス事業所で研修を受けながら就業	定着するかはこれから
移住者呼び込みの好循環	徳島県 神山町	著しい高齢化の進展。移住支援をNPOが担ったこと	起業家 IT企業	神山塾	大きな成果
	島根県 海士町	著しい人口減少。財政破綻の危機	若者	商品開発研修員制度	大きな成果

ニークであり、全国的に注目を集めたことで希望者が集まった。しかし、仕事をしてみなければ適性があるかどうかはわからず、長期的に定着していくかについては今後の課題と考えられる。介護職に限らず、特定の職種についてもらうため職業訓練を行う前提で、地域に必要な人材を確保するという戦略は、今後は多方面で応用可能と考えられる。

竹田市と江津市では起業家という職種の募集であり、浜田市では介護職という職種の募集である。二つの方向性は一見異なっているように見えるが、地域に必要な人材を育成も含め募集するという点では共通点を持っている。

神山町、海士町については、人が人を呼ぶ好循環がかなりの程度進み、その取り組みが全国的に有名になったケースである。ただ、そうなる過程が両者ではかなり異なっている。

神山町の場合は、ＮＰＯのグリーンベレーの活動がベースとしてあり、アーティストやクリエーターを受け入れる素地ができていて、そうした移住者が増えた。また、商店街を再興するために必要な人材を逆指名した。手に職を持っている人に優先的に来てもらうという発想は、竹田市と共通している。その後、高速通信環境をＩＴ企業が着目したことでサテライトオフィスが多数できる流れとなった。こうした動きに、行政は財政的な支援はほとんど行っていない。

海士町の場合には、行政の危機感から出発し、移住候補者の研修生を早くから受け入れ、また、たまたま先に移住していた人が地域資源を活用した起業に成功して、面白いとの評判が高まり、その後、人が人を呼ぶ好循環に入った。海産物の活用については、行政が最先端設備の投資に踏み切ったことも大きかった。さらにその後は、島に高校を残すため、教育レベルを引き上げ、島留学という形で活性化させ、将来に向けた人づくりも手がけるようになった。公営塾の開設を含め教育レベルの引き上げにも、移住者が貢献をした。海士町の場合は、移住者が地域資源を発見し、その価値を官民一体で最大限高めたという色合いが強い。

このように両者の成功に至るまでの過程は異なっているが、いったん人が入り成功すると、人が人を呼ぶ好循環に至るということである。そうなる契機は、たまたまＮＰＯが活動していたり高速通信環境があったり、行政が危機感を持つ中、身近な海産物に価値を見出したりという偶然の産物ともいえる。偶然ではあるが、地域がおかれた環境で生き残りを図ろうとするときに、活かせるものは何でも使うという発想の中から必然的にでてきた産物ともいえる。地域において偶然を必然に変えるためには、先入観なく地域の価値を見つめ直す、真摯な視点が必要なように思われる。

第3章　ビフォーコロナからの宿題①

―空き家の現状と賃貸住宅の過剰問題

1　空き家対策のこれまでとこれから

第1章、第2章では、アフターコロナの各種課題のうち、働く場所と住む場所の流動化が進む中で必要と考えられる、受け皿としての郊外・地方都市の基盤強化施策、および移住者の受け入れ施策のヒントとなり得る先進事例について分析した。

続く、第3章から第5章までは、ビフォーコロナからの宿題ともいえる、これまで大量供給されてきた物件（戸建て、分譲マンション、賃貸住宅）の後始末の問題について考察を行う。

本章では、こうした問題が象徴的に現われている空き家問題の現状と課題を概観した上、まず、賃貸住宅の過剰問題に対する今後の道筋を考える。

増える放置された木造戸建て住宅

総務省「住宅・土地統計調査」によれば、2018年の空き家数は849万戸（図表3-1）、空き家率は13・6％と引き続き、増加、上昇した。

5年前に比べ、増加、上昇のペースが鈍化したが、これは空き家のうち、「賃貸用」、「売

図表3－1　空き家数の推移

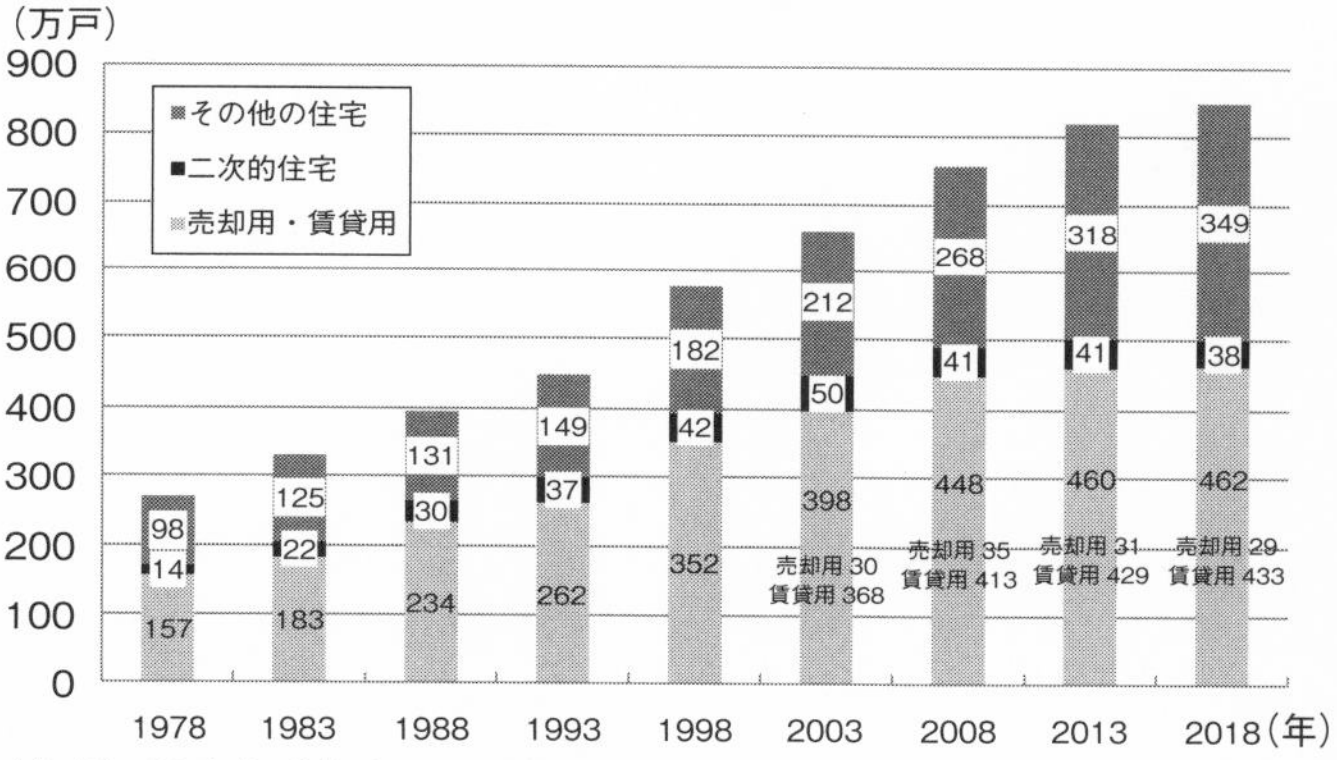

（出所）総務省「住宅・土地統計調査」

却用」、「二次的住宅（別荘等）」の増加が頭打ちになったことによる。しかし、空き家のうち最も問題とされる「その他」の空き家は増加を続けており、その意味で空き家問題は深刻となっている。その他の空き家は、空き家の状態になっても、借り手や買い手を募集していない住宅で、近隣に悪影響を及ぼす問題空き家やその予備軍が含まれていると考えられる。

その他の空き家の7割が木造戸建てであり、世の中で空き家問題としてイメージされる、放置された1軒家がその他の空き家に含まれている。

空き家率を持家系（その他空き家／（居住世帯あり持ち家＋売却用空き家＋二次的空き家＋その他空き家））、借家系（賃貸用空き家／居住世帯あり借家＋賃貸用空き家）に分けて算出してみると、借家系は頭打ちになっているが（2013年18・4％→2018年18・5％）、持家系は上昇を続けてい

図表3-2　高齢化率とその他の空き家率（2018年）

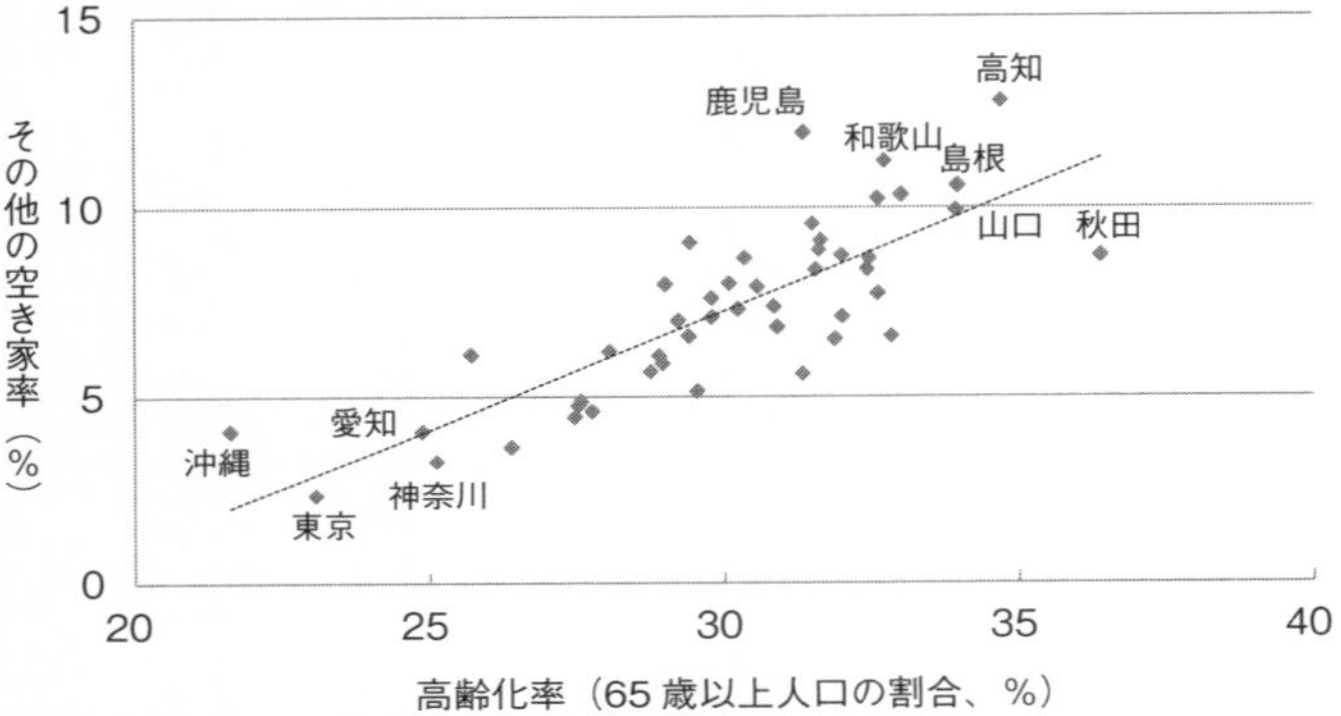

（出所）　総務省「住宅・土地統計調査」、「人口推計」

る（2013年8・6%→2018年9・4%）[1]。

また、共同住宅（非木造）の空き家率は横ばいであるが（2013年16・0%→2018年15・9%）、戸建て住宅（木造）の空き家率は上昇を続けている（2013年9・7%→2018年10・2%）[2]。

これらからも、持ち家系、木造戸建ての空き家率が上昇していることがわかり、これらは放置された1軒家の増加というイメージと合致するものである。

一方、その他の空き家の住宅総数に対する比率（その他の空き家率）を都道府県別でもみると、この5年間でほとんどの都道府県で、その他の空き家率が上昇している。この比率は高齢化率との相関が高く（**図表3-2**）、今後、高齢化率が上昇していくにつれ、どの都道府県でもその他の空き家率が上昇していく可能性が高い。すなわち、今後、高齢化がさらに進んでいくにつれ、問題空き家の比率が高まっていくことは確実である。

なお、2018年の「住宅・土地統計調査」では、現居住以外の住宅を保有しているかどうかの調査項目が初めて入れられたが、うち居住世帯のない住宅（空き家）を保有している世帯は全体の2・6％、138万世帯であった。その類型としては、53％がその他の空き家であった。これに関しては、「2018年住生活総合調査（住調）」でもほぼ同様の調査項目があり、居住世帯のない住宅（空き家）を保有している世帯は全体の3・3％だった。その類型としては、やはりその他が51％と最も多かった。

●廃屋増加の可能性

このように、2018年住調からは、木造戸建てを中心とする空き家問題の深刻化を読み取ることができるが、実はそれ以上に気になる部分がある。フロー（新設住宅着工）とストック（住調の住宅総数）の関係である（**図表3-3～6**）。2013年の住宅総数（ストック）に、2014～18年の新設住宅着工戸数（フロー）を足し、そこからその間に取り壊されたものなどを差し引いたものが、2018年の住宅総数になるという関係にある（**図表3-6**）。つまり、5年間の新設住宅着工戸数の合計は、そのままストックの増加になるわけではなく、ストック増加に結びついた部分とストック増加に結びつかなかった部分とに分けられることになる。

図表3-3　住宅ストックの変化（1998～2003年）

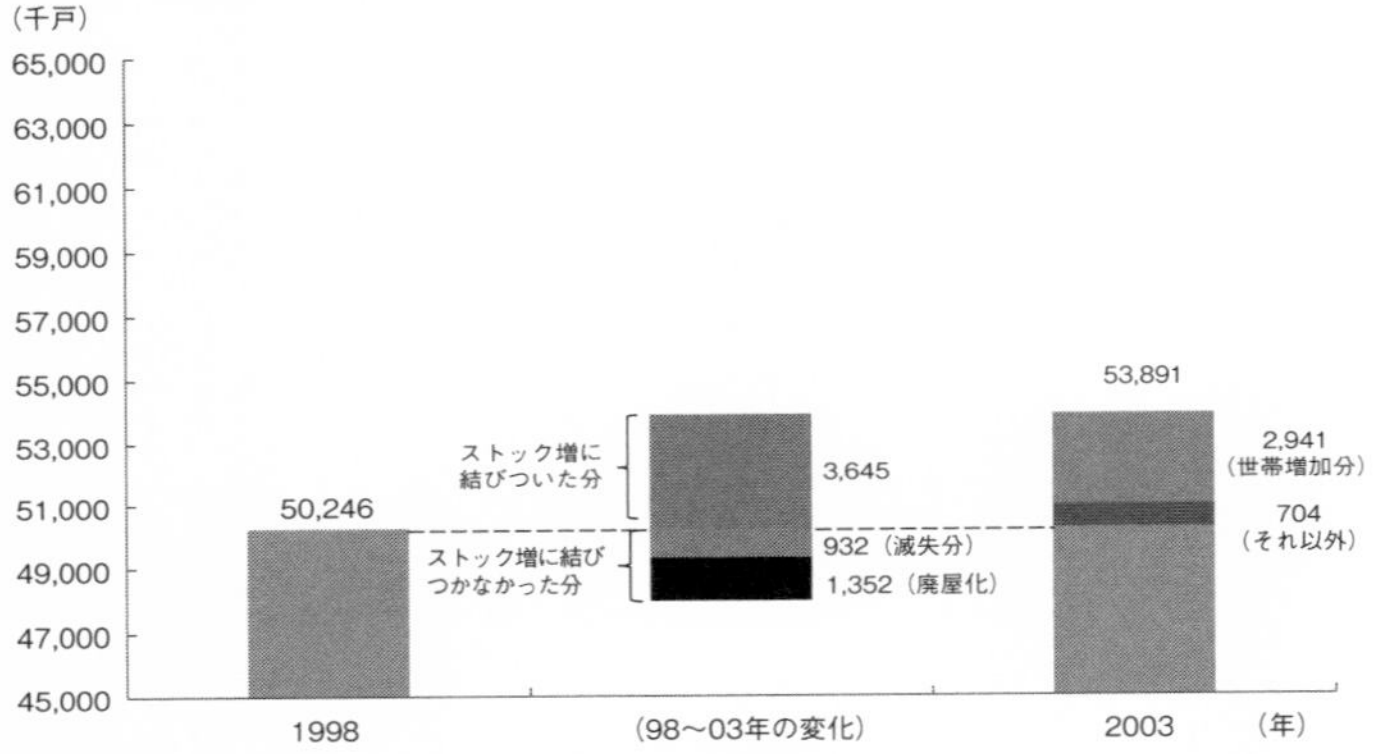

（出所）　総務省「住宅・土地統計調査」、国土交通省「住宅着工統計」、「建築物滅失統計」により作成

図表3-4　住宅ストックの変化（2003～2008年）

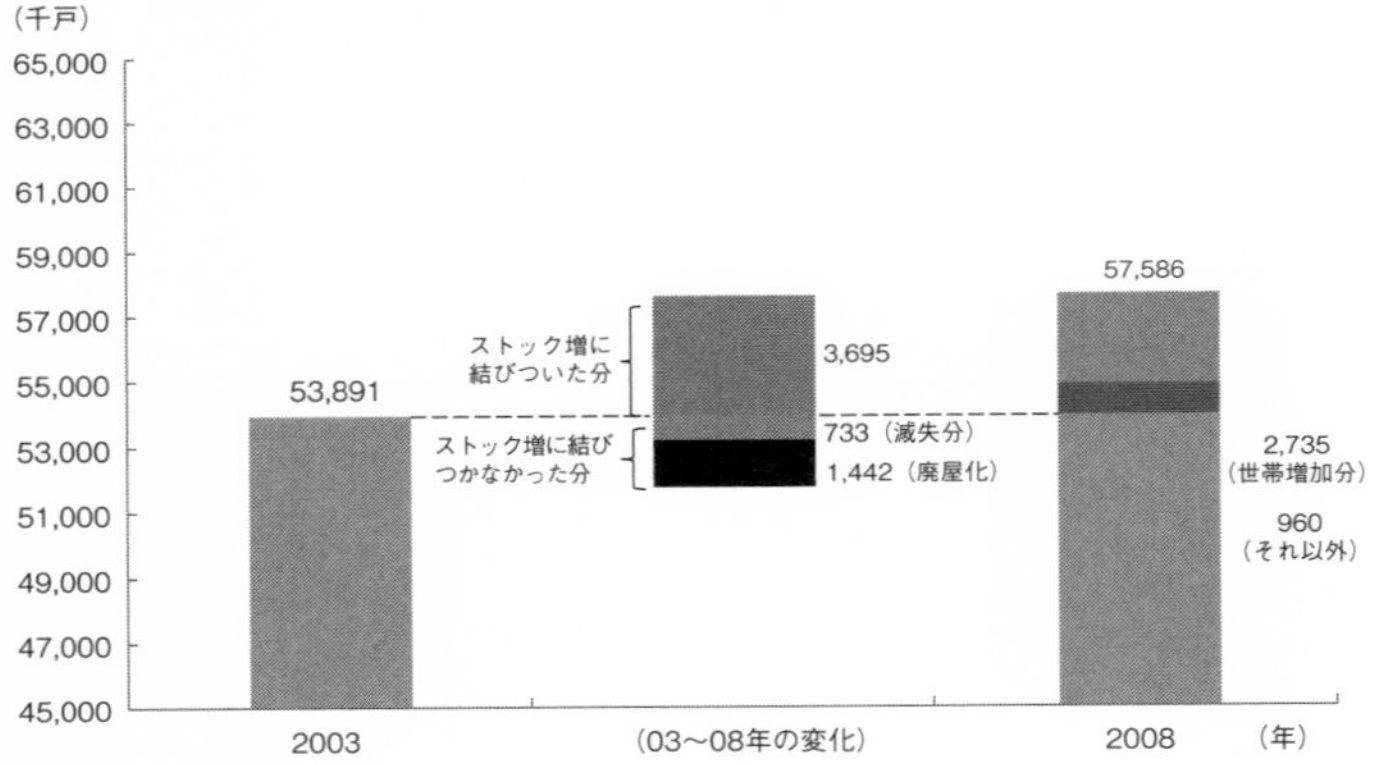

（出所）　図表3-3と同じ

図表3-5　住宅ストックの変化（2008～2013年）

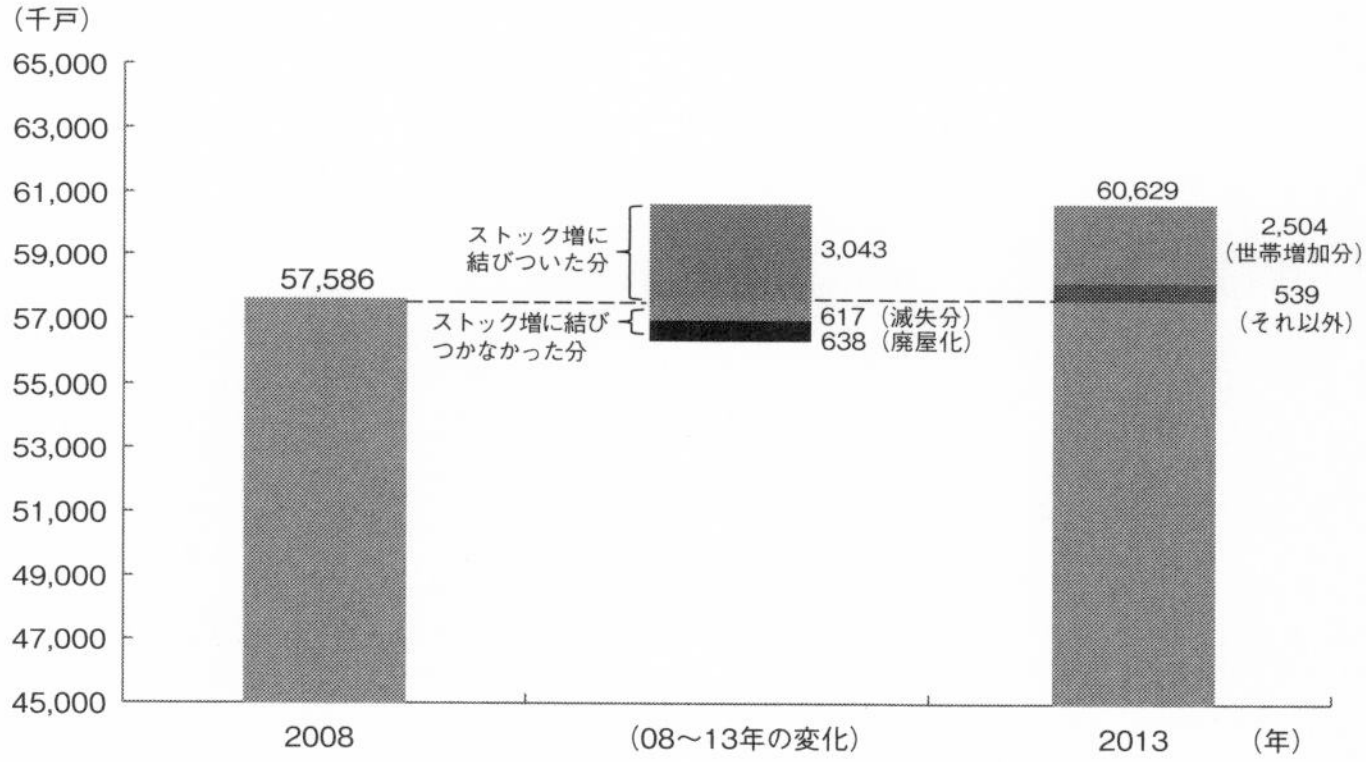

（出所）　図表3-3と同じ

図表3-6　住宅ストックの変化（2013～2018年）

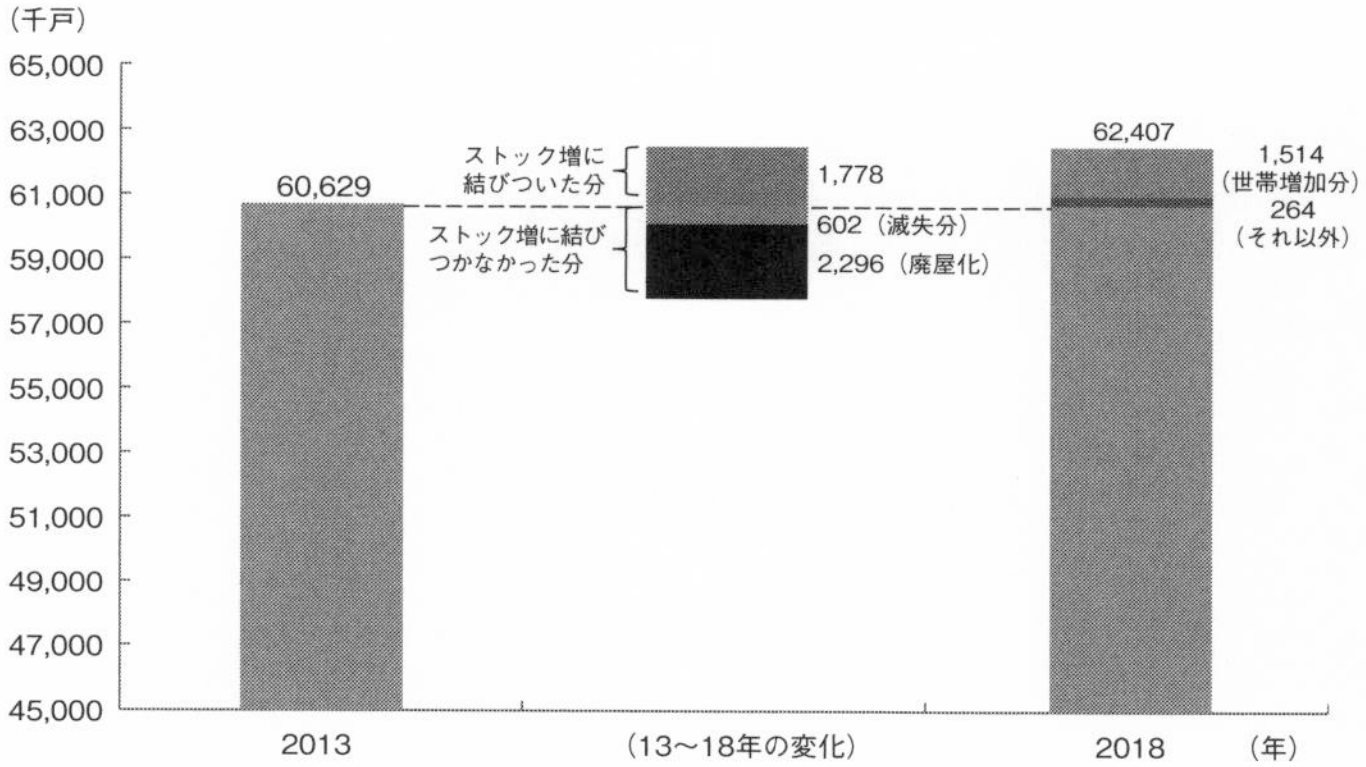

（出所）　図表3-3と同じ

さらに、ストック増加に結びついた部分については、世帯増加（居住世帯ありの住宅数）に相当する部分とそれを超えた部分とに分けられる。すなわち、ストック増加分は、世帯増に応じた必要なストック増と考えられる部分と、それ以上に増えている部分とに分けられることになる。

一方、ストック増加に結びつかなかった部分については、取り壊しなど滅失した部分以外には、住調の調査対象とならなくなった部分が含まれている可能性がある。滅失戸数を把握できる統計としては、すべてを把握できているかどうかについては疑問もあるが(3)、国土交通省「建築物滅失統計調査」がある。一方、住調の調査対象には、住むことのできない廃屋は含まれていない（**図表3-7**）。廃屋化し住調の対象にならなくなれば、その分が住宅総数から抜け落ち、ストック増加に結びつかない部分が増えることになる。

1998年から2018年まで5年ごとにフローとストックの関係を見ると、直近の5年間（2013〜18年）で、前の5年間に比べて、ストックに結びつかなかった部分が大きく増加していることがわかる。ストック増加に結びつかなかった部分のうち、建築物滅失統計調査で把握できる滅失戸数の部分以外には、廃屋化した住宅が含まれている可能性がある。もちろん、ストックとフローの数値の間には、統計上の齟齬や誤差脱漏も含まれていると考えられる。また、廃屋化した疑いのある住宅が229・6万戸というのも多すぎる。しかし、その中には廃屋化した住宅も少なからず含まれている可能性があることを、フローとストック

図表3-7　空き家の範囲の違い

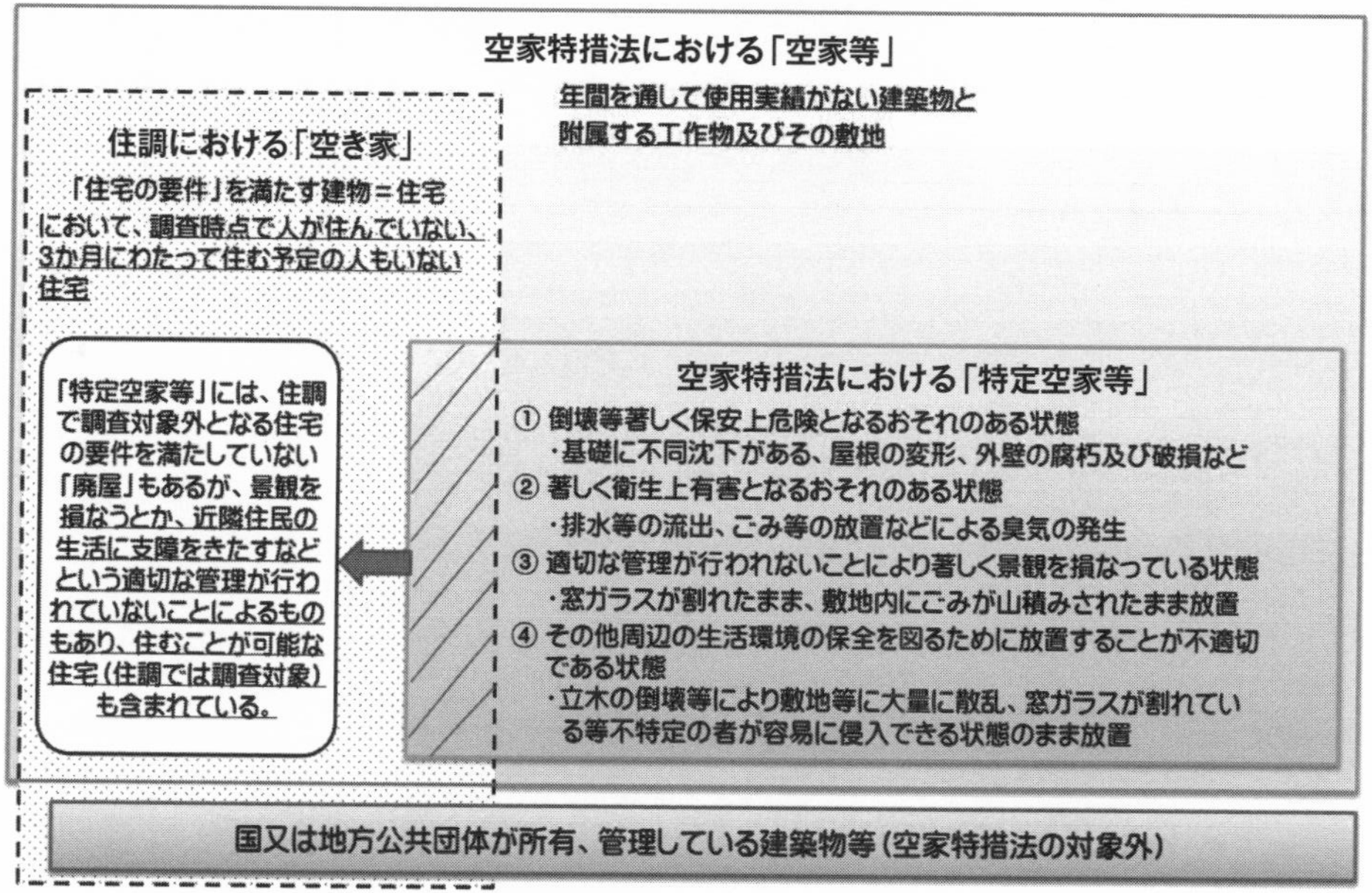
空家特措法における「空家等」
年間を通して使用実績がない建築物と
附属する工作物及びその敷地
住調における「空き家」
「住宅の要件」を満たす建物＝住宅
において、調査時点で人が住んでいない、
3か月にわたって住む予定の人もいない
住宅
「特定空家等」には、住調
で調査対象外となる住宅
の要件を満たしていない
「廃屋」もあるが、景観を
損なうとか、近隣住民の
生活に支障をきたすなど
という適切な管理が行わ
れていないことによるもの
もあり、住むことが可能な
住宅（住調では調査対象）
も含まれている。
空家特措法における「特定空家等」
① 倒壊等著しく保安上危険となるおそれのある状態
・基礎に不同沈下がある、屋根の変形、外壁の腐朽及び破損など
② 著しく衛生上有害となるおそれのある状態
・排水等の流出、ごみ等の放置などによる臭気の発生
③ 適切な管理が行われないことにより著しく景観を損なっている状態
・窓ガラスが割れたまま、敷地内にごみが山積みされたまま放置
④ その他周辺の生活環境の保全を図るために放置することが不適切
である状態
・立木の倒壊等により敷地等に大量に散乱、窓ガラスが割れてい
る等不特定の者が容易に侵入できる状態のまま放置
国又は地方公共団体が所有、管理している建築物等（空家特措法の対象外）

（出所）　総務省「平成30年住宅・土地統計調査の『空き家』の捉え方」平成30年住宅・土地統計調査に関する研究会第3回資料、2017年1月24日

の関係は示している。

このように、過去5年間でその他の空き家とともに、住めなくなった住宅（廃屋）が増えたとすれば、空き家問題はこの間、より一層深刻さの度合いを増したことになる。現存している住宅には、買い手も借り手も募集していないその他の空き家というステータスの次の段階として、もはや住むことのできない廃屋というステータスがあり、住調では廃屋は調査対象外のため、もし廃屋が急増しているとすれば、この統計で空き家問題を語るということが、限界に達しつつあるという可能性に今後は注意を払っていく必要があると思われる。

空き家増加に伴い、自治体は、問題空き家の解体、使える空き家の再利用の両面で対策を講じてきた。

空家法の制定と税制改正

解体については、2015年5月の空家等対策の推進に関する特別措置法（以下、空家法）の全面施行に伴い、危険な空き家などを自治体が「特定空家」と認定し、助言・指導、勧告、命令、代執行の措置をとれるようになった。

勧告の段階になると、敷地に対する固定資産税の住宅用地特例が解除されて税負担が増す。2019年10月1日時点で、空家法に基づく措置は、助言・指導17、026件、勧告1、0

50件となっている（国土交通省「空家等対策の推進に関する特別措置法の施行状況について」2020年4月）。助言・指導に比べ、勧告が少ないことは、助言・指導の段階で従う場合が多かったことを示している。その意味で、空家法と税制改正の効果はあったといえる。

しかし、勧告に従わず命令（131件）、代執行（50件）に至ったケースもある。代執行では解体などした上、所有者に費用を請求する。代執行では通常200万円ほどの費用がかかるが、室蘭市のケースでは840万円もかかった。擁壁が崩れた状態で、補修工事を要したためである。所有者は長期分納で支払う予定だが、費用回収を心配する声も上がった。

所有者不明の場合に行われるのが略式代執行（146件）であるが、この場合、当然のことながら費用は請求できない。たとえば兵庫県明石市では略式代執行を2件行ったが、合わせて310万円の費用がかかった。代執行では、最終的に土地を売却して費用に充てることもできるが、そもそも代執行に至るような物件は売れないため放置されている場合が多い。

総務省が行ったサンプル調査によれば、代執行を行った10件のうち、費用を全額回収できたのは1件であった（総務省「空き家対策に関する実態調査」2019年1月）。また、略式代執行38件では、費用を全額回収できたのは4件であった。略式代執行で費用回収できたのは、財産管理人を立てることにより土地を売却できたケースだと思われる。

解体費用徴収の仕組みと所有権放棄ルール

このように、自治体にとっては、所有者が責任を果たすことを原則としながらも、危険が迫る場合は公費負担覚悟で代執行に踏み切らざるを得なくなっている。あるいは、それ以前の段階で自主的対応を促すため、解体費用補助の仕組みを設けている自治体も多い。

一方、所有者にとっては、引き継ぎ手がなく売却も困難な場合は持ち続けざるを得ず、固定資産税や管理負担から逃れられなくなっている。いっそのこと、所有権を放棄したいとの声も高まっている。その他の空き家の今後のさらなる増加が予想される中、こうした問題について正面から考える必要性が増している。

これらの問題のうち、まず、解体費用の所有者負担が徹底されていない点については、今後は住宅を購入、建設した人に対し、解体費用の積み立てを義務付けるのが一案である。自動車のリサイクル費用が、購入時に徴収される仕組みにならったものである。徴収は、一度に支払う形（供託など）や固定資産税への上乗せなどによって一定期間（たとえば10年程度）徴収する形などが考えられる。固定資産税での徴収の場合は、途中からでも徴収できる。必要になったときに引き出せる仕組みにすればよい。必要な解体費用が確保されていれば、仮に将来、所有者が不明となった場合でも、解体費用の心配はなくなる。

次に、所有権の放棄については、現状では所有権の放棄はしたくとも手段がなくできない。しかし、相続放棄すれば国に引き取ってもらうことも不可能ではない。今後、なし崩し的に放棄され、国が引き取らざるを得ない不動産が増加していく可能性を考慮すれば、最初から、相続時に限らず所有権を放棄できる一般ルールを明確にしておく方が望ましいと考えられる。国の所有に移ると、国の管理負担が増すが、これについては放棄時に固定資産税の何年か分など一定の費用負担（放棄料）を課すことが考えられる。

解体費用の事前徴収および所有権放棄の仕組みについては第4章で詳しく述べる。

●循環型の住宅市場へ

空き家の利活用については、人口減少で悩む地方の自治体などが、早くから空き家バンクの設置を中心に進めてきたが、これについてはすでに第2章で述べた。

他方、空き家は地域のコミュニティスペースなどに改修して利用するケースも多い。しかし問題は、こうしたスペースに対する需要は限られ、活用策としては限定的にならざるを得ないことである。本来は、いったん建てられた住宅は、子どもなどが引き継がない場合は、中古住宅として市場に流通させ、住宅として再利用されることが望ましい。

これについては、戸建ての空き家を手放したいという人が増えたことに目をつけ、地方を中心にそれを買い取ってリフォームして再販するビジネスが活発化している。空き家を数百万円で買い取り、数百万円で改修し、新築の半値以下で再販売するといったビジネスモデルである。ただし、こうした事業は、大都市では土地の値段が高く、再販売価格が高くなってしまうため、成り立ちにくいという難点がある。

最近は、自治体が住宅の循環を支援する例も出ている。千葉県流山市では、市が公表する支援チーム（不動産業者、設計業者、建設業者で1つのチームを組織し、市に登録）に、売却希望者（シニア層など）、購入希望者（子育て層など）がワンストップで相談できる体制を整えた。この仕組みは、市が窓口となることで、ビジネスを支援するものである。空き家バンクとは異なる、都市型の流通促進策といえ、東京都も類似の仕組みを導入する。

まちづくりとの連動

以上、空き家対策を解体、利活用の両面から論じてきたが、今後さらに進めていくにあたって考慮しなければならない問題として、都市規模をコンパクト化していかなければならないという問題がある。

高度成長期には市街地が拡げられ、住宅が大量供給されたが、人口が減少に転じた現在は、条件の悪い地域から空き家となっている。

まちづくりと空き家対策を連動させた例として、埼玉県毛呂山町がある。毛呂山町は都市再生特措法に基づく「居住誘導区域」を設定し、区域外から居住を誘導し、区域外の空き家は解体する方針を示した。毛呂山町では、市街地が薄く広がった結果、中心市街地が空洞化し、空き家増加と地価下落が顕著になっていた。今後は市内全域のインフラを維持更新していくことは財政的に困難な上、中心市街地の地価下落が続けば固定資産税収入も上がらなくなるといった問題に直面していた。これについては第1章で詳しく述べた。

現在までに、空家法に基づく空家等対策計画を策定した自治体の例をみると、全域で同じ対策を講じる例が多い。しかし今後は、居住地として残す地域を選別しつつ、優先順位をつけて、解体、利活用を進めていくという難しい対応を迫られていくと考えられる。

共同住宅の空き家問題

ここまで戸建てを念頭に置いた空き家対策を論じてきたが、今後は賃貸住宅、分譲マンション（以下、マンション）など共同住宅の空き家問題への対処も考えていく必要がある。

空き家の4類型のうち最も数が多いのは賃貸用であるが、賃貸用として募集している限り、一定の管理は行っているはずであり、近隣に悪影響を及ぼす可能性は低い。しかし、老朽化が進んで募集を止めると、その他の空き家に分類されるようになり、管理も行われなくなれば、戸建ての空き家と同様、近隣に悪影響を与える物件となりかねない。

現に別府市や旭川市では、「特定空家」と認定された賃貸住宅が略式代執行、代執行された例が出ている。費用はともに約500万円かかった。賃貸住宅は需要に比べ供給過剰になっており、新築が次々造られる一方、古い物件の空室は増える一方となっている。

実需以上に供給がなされるのは、相続対策で賃貸住宅を建設する土地オーナーが多いからである。過剰な節税メリットを放置しておいていいのかについて、議論が必要な段階に入っている。

一方、マンションの空き家問題はより深刻である。マンションは築40年を超えると空室化、賃貸化が進み、管理機能の低下が避けられなくなる。国土交通省の推計によれば、築40年超のマンションは、20年後には5倍近くに達する。

老朽マンション対策としては、これまで建て替え支援が行われてきたが、建て替えられたのは、ディベロッパーと協力し、容積率の余剰部分などを利用して余計に部屋を造り、その売却益で建て替え費用とディベロッパーの利益を賄うという好条件が満たされた場合である。

こうした好条件を満たすものは少なくなっているため、今後はできるだけ長く使うことが必要になるが、大規模修繕を定期的に実施するための十分な修繕積立金を積んでいる物件は少ない。必要な修繕費用もなく、建て替えも困難な物件は廃墟化が進んだ場合、誰が解体するのかという問題に至ることになる。この問題については、第4章および第5章で詳しく検討する。

このように戸建て中心の空き家問題は、賃貸住宅やマンションにも波及しつつあり、将来的にはタワーマンションにも波及することが予想される。まちづくりと連動させて、居住すべき地域の絞り込みと中古の利活用を進めるとともに、老朽化物件が円滑に除却されていく仕組みの整備を進めていく必要がある。

2 相続対策としての賃貸物件の取得に逆風

マンションの問題については、第4章と第5章で詳しく論ずるので、ここでは賃貸住宅の過剰供給問題に対し、どのような道筋が見え始めているのか、最近の動きを整理しておく。

慢性的に供給過剰な賃貸物件

よく知られているように、不動産は現金に比べて大幅に評価を減らせるため、相続対策として、しばしば賃貸物件が建設・取得されている現状があり、それが慢性的な供給過剰をもたらす要因になっている。

まず、土地の相続税評価額は路線価をもとに算出されるが、路線価は土地取引の目安となる地価公示の8割程度である。貸家を建設すると、「貸家建付地」として評価されることになり、更地のままにしておくよりは、2~3割ほど低くなる。さらに、不動産の貸付として使っている土地は、小規模宅地の特例の制度を使うことにより、200㎡までは5割引となる。このように、貸家建設によって、土地の相続税評価額を圧縮できる。

建物の相続税評価額については、固定資産税評価額が使われ、これが建築費の7割程度までとなっている。さらに、賃貸にすると固定資産税評価額の7割程度になるため、結果として実勢価格の半分程度の評価となる。つまり、現金のまま保有している場合に比べ、相続税評価額を半分程度に圧縮できる計算になる。

さらに、貸家の建設資金を金融機関から借り入れた場合、借入金を相続財産から差し引くことができる。

こうした税制上のメリットにより、日本の賃貸住宅市場では、実需を満たす以上に物件供給がなされている。総務省「住宅・土地統計調査」によれば、賃貸物件の空室率は18・5%(2018年)に達するが、これはたとえば10%ほどのアメリカに比べれば極めて高い。次々と供給される新築物件に需要が向かえば、既存物件の空室率は上昇する一方になる。

これを空き家問題の観点から捉えると、オーナーに募集の意向があり、物件が管理されていれば空室が増えても問題がないが、そうでなければ、戸建ての空き家問題と同様、老朽化の進展とともに、管理不全の物件がいずれ大量に朽ち果てるという問題が生じかねない。先に述べたように、大分県別府市では、朽ち果てた賃貸物件を代執行するのに500万円ほどかかり、しかも所有者不明で回収できなかった例がある。

●資産圧縮幅を抑える動き

2015年1月からの相続課税強化に伴う貸家建設ブームは一段落したとはいえ、慢性的な供給過剰をもたらす日本の賃貸住宅市場の構造をこのままにしておいて良いのかという問題意識は、着実に高まっている。

過去にも過度な歪みが生じた結果、封じられた相続対策はいくつもある。たとえば、生命保険や年金を活用した相続税対策（終身保険と相続税法26条を活用したプランなど）は、税制改正により今はできなくなっている。こうした結果として、貸家建設・取得による資産圧縮がもてはやされた面もあるが、現在においては、貸家建設・取得が相続対策として過度に有利になる仕組みを改める必要性が増している。それは、住宅市場の歪みをもたらす問題につながるが、国税当局にとっての深刻な問題は、過度な節税対策の横行が税負担の公平性を脅かすということである。

そこで近年は、これを是正しようという動きが出ていた。まず、賃貸物件建設に関しては、小規模宅地の特例については２０１８年、相続開始前3年以内に新たに賃貸業を始めた場合、特例が使えなくなる法改正があった。相続直前のあからさまな相続対策に歯止めをかけようとするものである。

また、賃貸物件取得に関しては、タワーマンション投資のメリットが減殺された。タワーマンションについては、一頃、高層階の部屋を購入して相続税を節税する方法がもてはやされた。タワーマンションの相続税評価は、高層階でも低層階でも同じになる点に着目し、時価が高い高層階を購入することによって相続税評価額をより圧縮するというものだった。これについては、国税庁が評価の見直しを行い、やはり２０１８年から、相続税評価額が、高層階がやや割高に低層階がやや割安にされることになった。

しかしこれは、タワーマンションの高層階が他の賃貸物件の取得に比べ有利になる点を手直ししたものにすぎず、賃貸物件一般を取得した場合の資産圧縮幅にメスを入れるものではなかった。

相続税評価をめぐる東京地裁判決

これに対し、今後、相続対策としての賃貸物件取得に影響を与えるものとして注目されているのが、路線価に基づく相続財産の評価は不適切とした2019年8月の東京地裁判決である。

この裁判は、2012年6月に94歳で亡くなった男性が購入していたマンション2棟（杉並区、川崎市）の評価額をめぐり、相続人（3人）と国税側が争ったものである。2棟の購入額は13億8、700万円で、購入から2年半~3年半で男性が死亡し、相続が発生した。相続人は、路線価に基づき2棟を3億3、000万円と評価し、銀行からの借入れ額を差し引き、相続税額ゼロで申告した。しかし、国税側の鑑定では、2棟の評価額は12億7、300万円と路線価とは大きくかけ離れていたため、路線価による評価は適当ではないとし、3億円の追徴課税処分を行った。これに対し、相続人は取消しを求めていた。

国税庁は、財産評価基本通達で土地、建物などの評価方法を定めており、相続人もこれに従って申告した。しかし、同じ通達の6項では、特別の事情がある場合には、路線価以外の合理的な方法で評価することが認められている。今回のケースでは、通達の評価方法をそのまま適用することは、税負担の公平性を著しく害する特別な事情に当たるとする、国税側の主張が認められた。

つまり、このケースでは、マンション取得が相続発生直前で、しかも実勢価格と路線価の間に著しい乖離が発生したことが、節税対策の行き過ぎと判断されたことになる。しかも、借入れ先の銀行の稟議書には、相続対策の不動産購入を計画などの記載もあった。

◎賃貸物件の供給に歯止めがかかるか

前掲の判決により、今後は賃貸物件取得で相続対策を行おうとする場合、国税の「伝家の宝刀」ともいえる6項により、行き過ぎと指摘されかねないというプレッシャーを受けることになる。6項の適用条件は明示されてはいないが、国税庁内の資料では、基本通達の評価方法を形式的に適用する合理性がなく他に合理的な評価方法があること、また、2つの評価額に著しい乖離があり、その乖離が納税者の行為介在によって発生したものであることの2点とされている。要するに、路線価と時価に大きな差があり、しかも物件取得後、短期間で相続が発生するなど、直前の相続対策が大きな効果を生むあからさまなものは容認できないということであろう。

筆者はかねてから、貸家建設・取得が相続対策として過度に有利になる仕組みを改める必要性を主張していたが、政治的には難しいと考えていた。政策的に評価額の圧縮幅を縮小しようとしても、政治家にとっては支持者の獲得という意味ではメリットはあまりなく、むしろ富裕層の支持を失う可能性があると考えられるからである。今回、国税が税負担の公平性という、社会正義の側面から切り込み、また、裁判所がこれを支持したのは画期的といえる。判決相続人は判決を不服として控訴したが、東京高裁判決でも敗訴した（2020年6月）。判決の効果が浸透していけば、節税対策の物件建設・供給にもじわじわと影響が及んでいく可能性がある。

こうした国税庁の対応に頼るばかりではなく、将来的には、相続税評価額の圧縮幅をより少なくするという措置が必要になってくると考えられる。

(1) 国土交通省「平成30年住宅・土地統計調査の集計結果（住宅及び世帯に関する基本推計）の概要」社会資本整備審議会住宅宅地分科会（第48回）資料、2019年10月29日

(2) 注(1)と同じ。

(3) 建築物除却届の提出は義務ではあるが届けていないケースは多く、全国解体工事業団体連合会の幹部によると、実際には統計数字の2倍は壊しているという（千葉利宏「『空き家数』の増加にブレーキがかかった不可解」東洋経済オンライン、2019年5月10日。

第4章　ビフォーコロナからの宿題②

マンションの終末期問題

1　はじめに

本章では、これまで大量供給された物件の後始末の問題のうち、分譲マンションの問題について考える。

第3章でも述べたように、空き家問題が深刻化しており、2015年に施行された空家法に基づき、代執行される物件が増えている。自治体による調査の過程で所有者を特定できない物件も増えており、所有者不明の場合に行われる措置である略式代執行も増えている。これら物件では、代執行の費用を回収できないという問題も発生している(1)。今は1戸建て中心のこうした問題も、近い将来、分譲マンション（以下、マンション）に波及していく可能性が高い。

実際、2020年1月には、滋賀県野洲市が空家法に基づき、廃墟化したマンションの強制解体に踏み切るという事例が現われた。筆者が『限界マンション』を著したのは2015年のことで(2)、今後、管理不全に陥るマンションが急増することに警鐘を鳴らした。しかし、事態はさらに悪化し、「限界マンション」を超えた「廃墟マンション」が出現するようになっている。

図表4-1　築年数別のマンション戸数

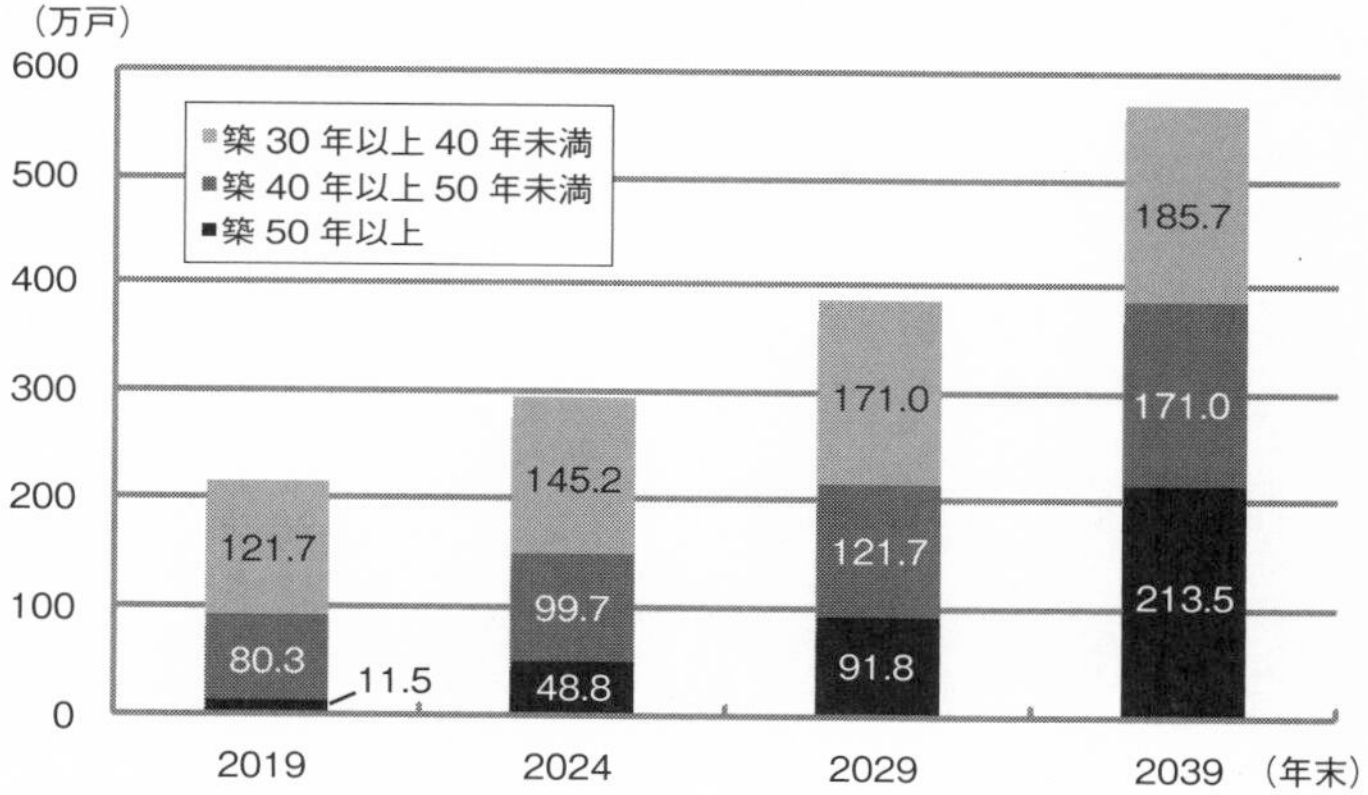

（出所）　国土交通省

マンションは、築40年を超えると、空室化、賃貸化が目立つようになる（国土交通省「マンション総合調査」）。マンションは老朽化していくとともに、区分所有者の高齢化も進む「2つの老い」が進み、管理機能が低下していく。空室化、賃貸化により区分所有者が住まない状態になると、管理機能はより一層低下しやすくなると考えられる。また、老朽化の進展とともに相続が進み、区分所有者が誰であるかを特定しにくい物件も出てくる。廃墟化に至るような物件は、所有者不明問題も深刻化していると考えられる。築40年超の物件は2018年時点で81万戸であるが、20年後（2036年）には4・5倍に達し（**図表4-1**）、こうした問題が今後さらに広がりを見せていくことは確実である。

　マンションが老朽化しても長く使うためには、大規模修繕を定期的に実施していく必要があるが、その前提条件は管理組合が機能していることと、必要な修繕積立金が確保されていることである。こうした基本的なことも、必ずしも容易なことではない。建物が使うに耐えなくなった場合には、建て替えという選択肢も生じるが、これもまた、管理組合が機能していることが前提になる。

区分所有者の金銭的な負担をできるだけ少なくして建て替えるためには、ディベロッパーと協力するなどして、容積率や敷地の余剰部分を利用したり、隣地と一体化した再開発を行ったりすることによって保留床をつくり、市場で売却して建て替え費用とディベロッパーの利益が得られる事業の枠組みを構築する必要がある。こうした条件を満たす物件は、今後は少なくなっていくと考えられる(3)。

修繕を行ってできるだけ長く使うことや建て替えも困難だとすると、区分所有権を解消して売却するという、いわば、マンション解散の選択が視野に入る。

建て替えが区分所有者および議決権の各5分の4以上の賛成でできるのに対し、これについては従来、全員一致が必要であったが、現在の仕組みでは、被災マンションや耐震不足と診断された物件については、5分の4以上の賛成でできる道がある（被災マンション法による被災建物・敷地売却制度、マンション建て替え等円滑化法によるマンション敷地売却制度）。

ただ、被災マンションの場合は解体に公費が投入されることになるが、耐震不足のマンションの場合は、解体費用が敷地の価値を上回るようであれば買い手にとってメリットはなく、議決によって自主的な解消が進むかは不透明である(4)。

修繕、建て替え、自主的な解消のいずれも困難だとすると、老朽化が進み朽ち果てたマンションが放置されたままになるという、現在の戸建ての空き家問題で発生しているのと同じ問題がマンションでも発生することになる(5)。

空家法では、共同住宅の場合、全室が空室になった場合、法を適用して代執行や略式代執行までできる。しかし、マンションの場合、解体には巨額の費用が必要になり、自治体が費用面でそうした措置を取ることができるのかという問題がある(6)。

ここまで述べてきたマンションが老朽化しその終末期に直面する問題について、以下では、まず、所有者不明物件が増えてきた場合の対処、次いで、最終的に区分所有権を解消して建物を解体する方策について検討していく。

本章で扱うのは、マンションの住まいとしての持続性をどんなに高めたとしても、最後に直面せざるを得ない問題にどのように対処すべきかという点である。

2　所有者不明マンション問題

マンションにおける所有者不明物件

所有者がわからない不動産が全国で増えつつある。

人口減少が進む中、相続時に登記されない物件が増えていることによる。引き継ぎ手が遠方に住み、資産価値が低いなどの理由でそのまま放置し、相続を重ねていった場合、所有者にたどり着くことが難しくなる。特に、資産価値がない森林や農地などの場合は、コストをかけてまで名義変更するインセンティブがない。地価が高い街なかの宅地でも、狭小で活用しにくい場合や、接道条件などで再建築不可能な場合では、こうした事態が生じ得る。また、近年は相続放棄されるケースも増えている。

こうした所有者不明・不在の物件は、マンションでも増えている。やはり、相続未登記や相続放棄が増えていることによる。

国土交通省「マンション総合調査」の2018年度分の結果によれば、所在不明・連絡先不通の住戸のマンションの割合は全体の3・9％であった。うち総戸数に対するそうした住

図表4－2　所在不明・連絡先不通の住戸があるマンションの割合（2018年度、完成年次別）

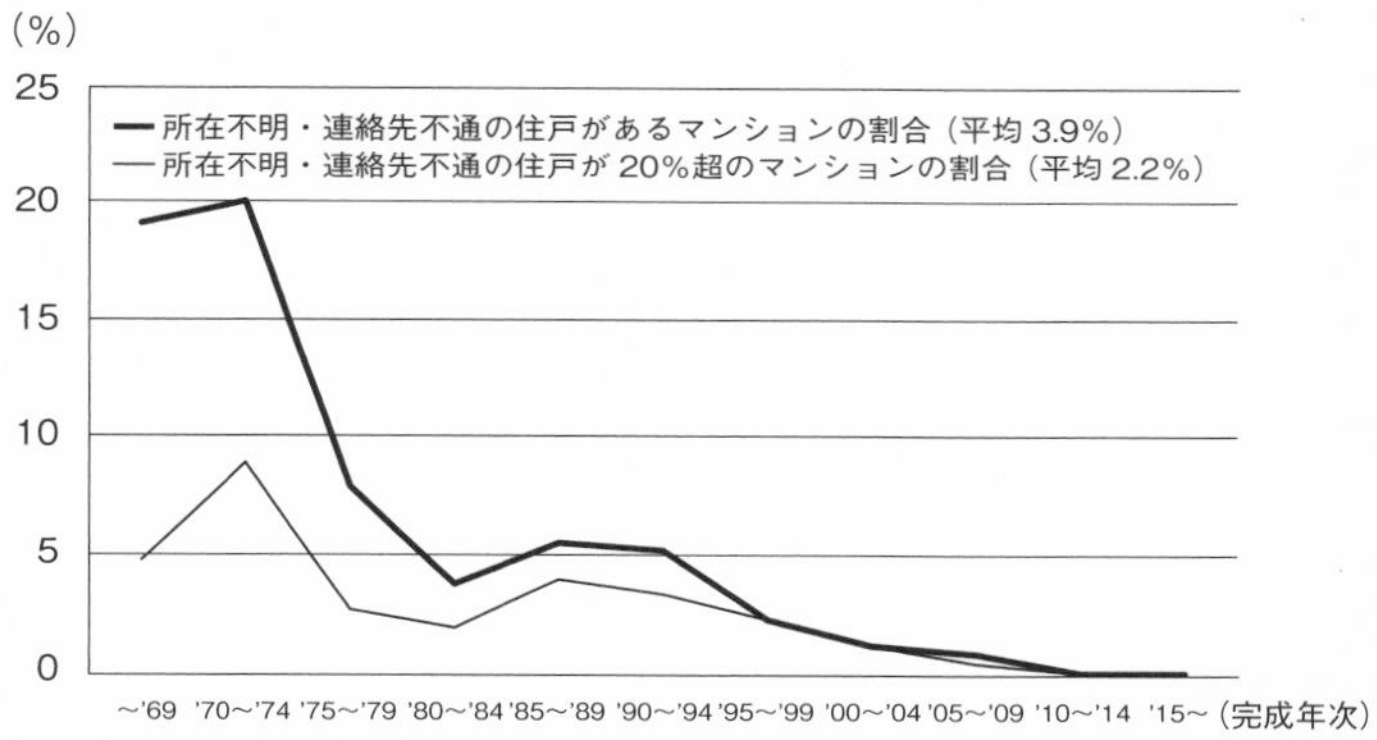

（出所）　国土交通省「マンション総合調査」

戸の割合が20％超のマンションは全体の2・2％であった（**図表4－2**）。古いマンションほど不明率が高く、すでに既に一部のマンションでは、不明問題が深刻化していることを示している。

　所有者不明・不在物件が増えることの問題点としては、①管理費や修繕積立金が徴収できなくなること、②管理が行われないことで劣化が進んだり周囲に悪影響を及ぼしたりすること、③多数決による決議が困難になることなどがあげられる。つまりは、マンション管理上の様々な支障を来たすということである。

●財産管理人による処分の可能性

　管理組合は、所有者不明となった場合は不在者財産管理制度、相続放棄された場合は相続財産管理制度によって、物件を処分することができる。管理人選任は、家庭裁判所に申し立てることによって行われるが、その際、数十万~100万円程度の予納金の支払いが必要になる。それでも、物件を売却できれば予納金や管理費滞納分などに充当することができる。

しかし、そもそも所有者不明・不在となる物件は、価値がないためにそうなってしまった可能性が高く、たとえ売れたとしても予納金や滞納分を賄うのに十分な値段に達しない場合が多いと考えられる。その場合、滞納分は新たな区分所有者が引き継がなければならなくなり、ますます買い手を見つけるのが難しくなる。

所有者不明・不在となった土地の場合は、市場で価値がなくても、隣の人にとっては敷地拡張のために価値があり、買い取ってもらえる場合がある。マンションの場合も、市場で売れなくとも、従前からの区分所有者に買い増し需要があれば、引き取ってもらえる可能性はある。しかし、建物が老朽化するとともに区分所有者も高齢化しているマンションにおいては、そのような需要はあまり期待できそうにない。

結局のところ、所有者不明・不在となると、管理組合はその物件の処分に窮することになる。相続放棄には遺産すべての放棄が必要で、マンションだけを選択的に放棄できないが、今後、ほかにめぼしい遺産はないといったケースが増えれば、放棄が増加していく可能性がある。将来的には、市場価値のないマンションの大半が相続放棄されてしまうといった事態も起こりかねない。放棄しないまでも、相続未登記が増え、権利者に連絡を取るのが難しくなるケースが増えていくことも考えられる。

利用権設定のアイディア

所有者不明・不在の物件が増えてその期間も長引くと、荒廃して物件全体に悪影響を及ぼす可能性も出てくる。所有者不明・不在物件が放置され、管理が行き届かなくなる事態を避けるため、長期間空室になっているマンションについて、裁定によって利用権や所有権の設定を可能にするアイディアも提起されている(7)。管理組合が、仮に将来所有者が現れた場合に支払う補償金を供託した上で権利を得て、利用または処分するというものである。管理組合はこれを賃貸物件として貸し出せば賃料収入が得られ、管理費や修繕積立金に充てることもできるようになるかもしれない。

利用権設定については、遊休農地の場合は都道府県知事の裁定によって可能で、農地中間管理機構は補償金を供託した上で利用権を取得できる。また、所有者不明の土地については、知事の裁定により利用権を設定し、補償金を供託した上で公共性を持つ事業に使えるようにする仕組みが創設された。利用権設定は、将来的にはマンションについても検討課題の一つになると考えられる。

マンションの場合、仕組み自体が新しいため、土地のように所有者を探索するために何代も遡らなくてはならないようなものは存在せず、仮に未登記の場合でも、所有者にたどりつける可能性は高い。

しかし問題は相続放棄であり、これは認められている権利とはいえ、残された区分所有者が負担を押し付けられる結果になっている。前述のように、今後、ほかにめぼしい遺産はないといったケースが増えれば、マンションの相続放棄が増加していく可能性がある。

●放棄の一般ルールの必要性

相続放棄物件のその後の処理コストが嵩むことを考慮すれば、最初から放棄できる一般ルールを定めておいた方が望ましいとの考え方に立つことも可能である。

民法には、「所有者のない不動産は、国庫に帰属する」との規定があり、登記に放棄手続きを設ければ、所有権放棄が一般に可能になる。国の負担が増すが、放棄時に費用負担を求める仕組みにすればよい。その後、物件と放棄料は管理組合に移せるようにし、管理や処分を行っていくことが考えられる。求める費用負担額としては、たとえば、管理費、修繕積立金、固定資産税などの何年か分という設定が考えられる。

放棄の一般ルールを設けるメリットとしては、相続放棄のように一方的に放棄されるわけではなく、放棄される管理組合の側は放棄料を得ることができ、その後の管理や処分費用に充てることができることがある。

この仕組みでは、マンションの区分所有者は、いわば放棄料支払いというマイナス価格で、管理組合に物件を引き取ってもらう形になる。

この仕組みのデメリットとしては、放棄料が安すぎると簡単に放棄できるため、放棄が爆発的に増えてしまう可能性があるという点であろう。

一方、現在の相続放棄の仕組みは、相続財産すべてを放棄しなければならないことが一定のハードルになっている。しかし、これには対策を講じることもできる。必要な財産を遺言書で遺贈したり、生前贈与したりしておけば、必要な財産を確保した上、最後に不要な不動産のみを相続放棄して手放すといったことも不可能ではない。こうした形で、なし崩し的に相続放棄が増えていく可能性を考慮すれば、放棄の一般ルールを定めた方が、まだましだとも考えられる。

もちろん、先に紹介したような、所有者不明・不在となって長期間経過した後で、利用権や所有権を設定する仕組みでも悪くはないが、それには時間を要する。不要なものは最初から放棄料を支払う条件で放棄を認め、管理組合がその後の利用や処理を早期に考える方が合理的だと考えられる。

なお、ここまで述べてきたことは、マンションの管理組合が機能していることを前提にしてきたが、管理組合が機能していない場合は、放棄が増えた物件については、その後の管理、処分を担う受け皿機関のようなものも必要になるかもしれない。

3 強制解体と解体費用積み立ての仕組み

日本マンション学会の提案

次に、区分所有権の解消の問題に移る。

前述のように、現状では被災マンションや耐震不足のマンションについては、5分の4以上の賛成で区分所有権を解消できるが、将来的にはその仕組みだけでは十分ではないと考えられる。

日本マンション学会では、マンション建て替えの難しさを踏まえ、今後は修繕や改修によりできるだけ長く使った上、最後は解消という選択肢を設ける必要性が高いとし、新たな解消制度を提案している(8)。

以下のケース、すなわち、①建物の安全および衛生の欠如について行政庁による認定を受けた場合、②一定の要件を満たす場合（要件案としては、登記後50年以上が経過すること、少数者保護に配慮することの2案あり）は、建物の状態にかかわらず、5分の4以上の賛成で解消できる仕組みである。

これは管理組合が機能しており、決議によって自主的に解消できる場合であるが、自主的解消が望めないケースでは、まず、行政庁が建物の目視調査に基づいて助言・指導し、改善が見られない場合は立ち入り調査を実施し、「要改善マンション」に認定した上で勧告を行い、なお改善が見られない場合は「特定不全マンション」に認定して命令、代執行（建物清掃・修繕、解体）の措置を取れる仕組みを提案している。代執行の費用は区分所有者に請求する。

強制解体の仕組みであり、いわばマンション版の空家法である。立入り調査、修繕、代執行、費用徴収、建物改修・解体、移転住居確保、土地売却などの実際の実務は「清算機関」（都市再生機構や住宅供給公社などを想定）が担うこととし、清算機関は自主的解消の支援活動も行う。

空家法との違いは、全室が空室にならずとも、「特定不全マンション」に認定されれば、必要な措置を実施できるという点と、区分所有権を解消するときに生ずる様々な問題に対処するため、清算機関を設けるという点である。こうした仕組みは、今後、必要性が高まっていくことは必至である。

なお、先に放棄物件の増加にもかかわらず、管理組合が機能していないケースでは、管理、処分を行う受け皿機関の必要性を指摘したが、日本マンション学会が提案する清算機関を使うということも考えられよう。

●解体費用積み立ての仕組み

マンションの場合も、1戸建ての場合と同じように、代執行しても費用が回収できない可能性は残る。

この点について日本マンション学会は、建物解体費用が土地売却費用を上回る場合(9)でも、区分所有者は費用支払いを免れることはできないとだけ述べているが、回収できなければ、マンション解体に多額の公費が投入されることになりかねない。

この問題に対処する1つの方法は、区分所有者があらかじめ将来必要になる解体費用を積み立てておく仕組みをつくることである。

定期借地権の期間(50年以上)を満了すると地主に土地を返さなければならない定借マンションでは、積み立ての仕組みが設けられており、2008、2009年度に供給された定借マンションの例では、1戸当たり最終的に200万円程度になるよう解体費用が積み立てられていた(10)。

一般のマンションでも計画的に積み立てておけば、仮にその後、所有者不明・不在の物件が増えていったとしても、解体費用を心配する必要はなくなる。

必要な積み立て額の目安としては、解体費用を坪8万円(11)と想定すれば、たとえば75㎡のマンションの場合は180万円ほどとなる。

今後、建て替えができるのは例外的に条件が揃ったケースでのみであり、日本マンション学会が提案する解消要件案の一案のように、登記後50年を経過したら、建物の状態にかかわらず決議によって解消できるようになるとすれば、いずれは取り壊すときが来るという前提で解体費用を準備しておく方が合理的と考えられる。

このように、今後、マンションの老朽化が進展していくにつれ、所有者不明・不在のマンションが増える可能性を考えて、放棄された管理組合の側が過度に不利益を被らないような放棄の一般ルールの仕組み、そして最終的に解体しなければならないことを考えて、当初から解体費用を積み立てておく仕組みの必要性が高まっていくと考えられる。

4　戸建ての空き家との比較

解体費用の強制徴収

この2つの仕組みはマンションについて提案したが、戸建ての場合も必要と考えられる。冒頭に述べたように、現状においては代執行、略式代執行で費用回収が困難な現実がある。自治体にとっては、所有者が責任を果たすことを原則としながらも、危険が迫る場合は公費負担覚悟で代執行に踏み切らざるを得なくなっている。あるいは、それ以前の段階で自主的対応を促すため、解体費用補助の仕組みを設けている自治体も少なくない(12)。

本来は所有者が果たすべき責任を果たさないことにより、公費解体や公費による解体費用補助が行われることは、公平性の観点や公費負担増加という点で望ましいものではない。これについて筆者はすでに、戸建ての解体費用の事前徴収する仕組みとして、一度に支払う形や一定期間（たとえば10年程度）で積み立てる形を提案している(13)。徴収方法としては、固定資産税への上乗せや供託などが考えられる。

戸建ての場合は、マンション管理組合に相当する機関はないため、強制的に徴収する仕組みを提案したが、マンションの場合は、定借マンションの仕組みにならって積み立てる仕組みを提案した。これを共通の仕組みとして設計する場合、戸建ての強制徴収の仕組みに合わせることも考えられる(14)。現状のマンション管理組合の実態としては、修繕積立金すら十分な額が積まれているとはいえず、解体費用の自主的な積み立ても望みにくいと考えられる(15)。とすれば、解体費用については、将来的に強制解体の必要も生じることを考慮し、強制徴収する仕組みの方が望ましいといえるかもしれない(16)。

放棄の一般ルール

放棄の一般ルールも、戸建てでも必要と考えられる。戸建ての場合、相続放棄は、最終的に国に引き取ってもらえる可能性のある手段として捉えられている。前述のように、相続放棄は不要な不動産のみを選択的に行うことはできず、遺産すべてを放棄しなければならないが、相続人全員が相続放棄して相続人不存在となった場合、自治体などの申立てによって選任された相続財産管理人が換価して残余があれば、国庫に納付される。

しかし、相続財産管理人の選任には費用がかかるため、相続放棄後、こうした手続きが行われることは稀である。最後に相続放棄した人は、相続財産管理人が選任されるまでの間、管理責任は残るが、その責任も現状では徹底されているわけではない。相続放棄された不動産が危険な状態となり、そのまま放置されていることも少なくない。

空家法では、相続放棄された空き家を「特定空家」に認定し、代執行の必要が生じた場合には、略式代執行の手続きによることになる。したがって、現状では相続放棄された場合、最終的には公費で取り壊さざるを得ない事態に至る。

今は、相続放棄は選択的にできないことが相続放棄に踏み切るハードルになっている。しかし前述のように、空き家の他にめぼしい遺産はないといったケースが増えれば、相続放棄され管理責任も果たされず、最終的に公費解体になる事案が増加していく可能性がある。あるいは、これも前述のように、今後においては、必要な財産を遺言書で遺贈したり、生前贈与したりすることにより、必要な財産を確保した上、最後に不要な不動産のみを相続放棄して手放すといった対策が講じられるようになる可能性もある。

こうしたことが実際に行われれば、国は使い道のない不動産ばかりを押し付けられてしまうことになる。今後、こうしてなし崩し的に放棄され、国が引き取らざるを得ない不動産が増加していく可能性を考慮すれば、最初から所有権の放棄ルールを明確にしておく方が望ましいと考えられる。

なし崩し的に放棄された状態になり、管理責任も果たされなくなっていくのは、国土の管理という意味でも望ましい状態ではない。費用負担を求めた上で放棄を認める仕組みを設けるのは、国土の管理を適正に行っていくという意味でも正当化できると考えられる。

また、現在、所有者不明不動産が増えているが、利用するため、事後的に所有者探索に多大なコストを投入するよりは、最初から放棄を認め、国の所有に移しておいた方が、はるかにその後の利用がしやすくなるというメリットもある。戸建ての場合は、実際の管理は自治体が担うことが考えられる。

マンションの場合は、管理組合の負担を減らすという観点から放棄ルールの必要性を指摘したが、戸建ての場合は、国土管理やその後の利用のしやすさという観点から放棄ルールの必要性を述べた。やや異なった観点から必要性を指摘したが、なし崩し的な放棄を防ぎ、利用しやすくするという点では共通している。

5 おわりに

本章においては、マンションが老朽化し、終末期に直面する可能性が高い所有者不明問題と解体の問題について、今後、必要になると考えられる具体的な仕組みを提案した。

解体費用を事前徴収しておき、また、仮に区分所有者が放棄したくなった場合は、相続放棄によってなし崩し的に放棄するのではなく、放棄料を支払った上で放棄する仕組みにすれば、管理組合や清算機関がその後の管理や解体において、費用面の心配をする必要はなくなる。

マンションに限らず戸建てについても、解体費用を事前徴収しておいた上、放棄は有料にすれば、更地化する費用とその後の管理に充てる費用を賄える。ここで述べた案は1つの考え方にすぎないが、今後議論が活発化していくことを期待したい。

(1) たとえば、米山(2016)参照。

(2) 米山(2015)。

(3) 米山(2015)。

(4) これまでマンションを自主解体した事例としては、越後湯沢のリゾートマンションの例(1975年築、2018年解体、30戸)があるが、たまたま積み上がっていた修繕積立金3、500万円を解体費用に充当できたことによる。このケースでは、推進役のリーダーの尽力により、全員一致の議決が可能になった。これに対し、冒頭に述べた野洲市のマンション(1972年築、9戸)では全員一致の議決ができず、自主解体できなかったため、代執行が必要になった(この後の経緯は注(6)を参照)。

(5) 沖縄県浦添市では、2009年にマンションの廊下部分が崩落して危険な状態となって住民が避難したが、そのままの状態で放置されている物件がある。借地上に建っているため、土地を売却して解体費用を賄うこともできないという悪条件下にある。

(6) 新潟県妙高市では、空家法に基づき、鉄筋コンクリート4階建て、延べ床面積1,080㎡の廃業した旅館を、2016年9月に略式代執行し、3,963万円の費用がかかった例がある。このような多額の費用がかかるのはこれ限りだったため自治体はまだ代執行に踏み切れたが、マンションの場合はこれよりさらに費用がかかり(注(9)参照)、将来的に多くの物件で対処しなければならない可能性を考慮すれば、代執行に踏み切るハードルは高いと考えられる。一方、冒頭に述べた野洲市のマンションでは、代執行に約1億1,800万円もの費用を要したが、アスベスト飛散の恐れがあり、その処理費用がかかったことによる。当初、市は代執行には消極的であったが、アスベスト飛散の危険性を放置できなくなり、代執行に踏み切らざるを得なくなった。費用は請求しても全額回収できるかどうかはわからない。

(7) 土地総合研究所(2017)。

(8) 制度解消特別研究委員会(2018)および小林(2017)。

(9) 旭化成不動産レジデンスのマンション建替え研究所の大木祐悟主任研究員(当時)は、500坪の土地に容積率400%で2,000坪のマンションが建っている場合、解体費用を坪8万円とすれば、解体費用だけで1・6億円かかるとし、地方などで土地の価格が安く、仮に坪10万円だとすると土地売却価格は5,000万円で、マンションはマイナスの資産にしかならないと指摘している(『日刊不動産経済通信』2017年5月11日)。

(10) 齊藤(2014)。

(11) 注(9)による。

(12) たとえば、広島県呉市では、3割までで上限30万円の解体費用の補助金を2016年度までに50件、1億4,243万円支給しており、群馬県高崎市では、8割までで上限100万円の補助金を20

16年度までに427件、3億8、753万円支給している。

(13) 米山（2016）および米山（2017）。

(14) 米山（2015）もその立場である。

(15) 米山（2015）では、現状の仕組みでも、修繕積立金の一部が最後に解体費用として残るよう長期修繕計画を立てたマンション管理組合の例もあることを紹介している。

(16) 山口敏彦・国土交通省大臣官房審議官（住宅局担当）は、「解体費用の税徴収については、確かにそういう声もあるとは思いますが、住宅の場合はかなり高額なので、難しい面も多いように思います。ただ、今後、さらに空き家の問題が深刻化していった場合には、将来の解体費用を事前に徴収しておくといったことも仕方ないというようなコンセンサスが得られるような時代が来るかもしれないので、世の中の情勢をよく見ながら考えていきたいと思っています」（浅見・上田・山口・山崎（2018））と述べており、解体費用の税による事前徴収の仕組みが将来的に導入される可能性もゼロではないとしている。このような必要性は、戸建ての空き家問題が深刻化した場合というよりは、マンションの問題が深刻化した場合に高まるように思われる。

第5章　ビフォーコロナからの宿題③

―タワーマンションの行く末

1　はじめに――供給過剰を考える3つの視点

本章では、分譲マンションの中でも、将来的により一層の困難に直面すると考えられるタワーマンションの問題について考える。

近年、タワーマンションが数多く建設され、今後の供給計画も後を絶たない（図表5－1）。不動産経済研究所によれば、２０１９年以降に完成予定のタワーマンション（20階建て以上）は３００棟―11万４、０７９戸（２０１９年3月末時点）に上り、前年の調査から56棟―１万７、４２６戸増加した。都区部で供給が計画されるタワーマンションは１２４棟―５万９、８６１戸に達し、戸数ベースで52・５％を占める。

タワーマンションの大量供給については、過剰ではないかとの声もある。供給過剰かどうかを考える上ではいくつかの視点がある。

第一に、これまでのところ供給されるタワーマンションは売れており、供給過剰で新築価格が値崩れしている状況にはない。したがって、供給に対して需要が存在するという意味では供給過剰にはなっていない。

第二に、供給がハイペースで続いている一部地域では、鉄道などの交通インフラ、保育園

図表5-1　超高層マンションの竣工・計画戸数（首都圏）

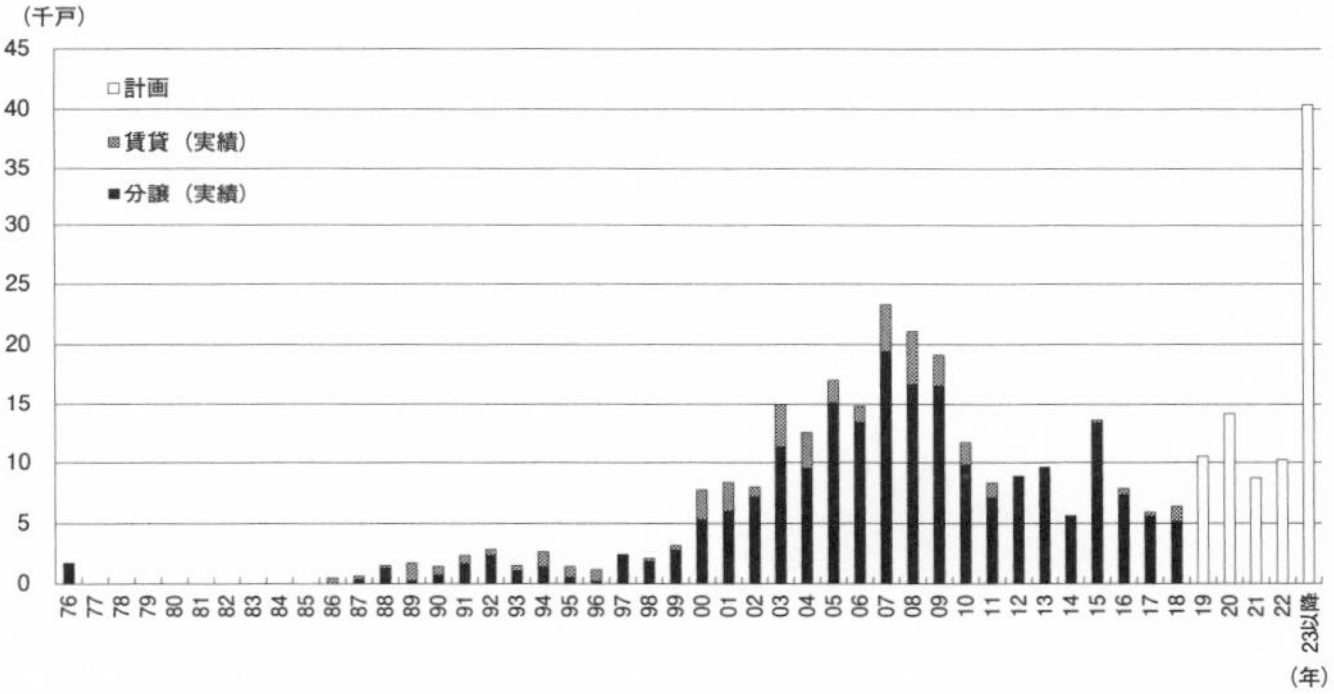

（注）　2019年3月末現在の計画
出所：不動産経済研究所「超高層マンション動向 2019」2019年4月11日

や学校などの整備が追いついておらず、インフラや教育施設のキャパシティ対比では、供給過剰になっているという事実はある。これに加えて最近では、地域が目指す望ましいまちづくりという観点から、供給過剰と考える例も出てきた。これらはいずれも、まちづくりの中でタワーマンション供給のバランスが崩れているという問題である。

第三に、新築時点で完売した物件であっても、10年、20年後にそれを中古物件として売ろうとしたときに、需要があるのかという問題がある。マンションは、長期修繕計画に基づき必要な修繕費用を積み立てた上、定期的に大規模修繕を行わなければ、価値を維持することはできない。それができなければ最悪の場合、物件のスラム化に向かう可能性がある。

タワーマンションの場合、必要な修繕積立金は通常のマンションよりも嵩み、区分所有者が多く、合意にも困難を伴う。

仮に、タワーマンションが適切なメンテナンスが行われずに価値を保てなくなった場合、中古物件としての需要が出ず、価格が大幅に値崩れするという可能性も考えられる。この点は、将来的にタワーマンションが中古物件として売れないという意味で、供給過剰の状態に陥ってしまう可能性である。

2 タワーマンション需給の構造

第一の視点、新築時の供給に対して需要があり、その意味で供給過剰にはなっていないという点については、タワーマンションが供給側、需要側の双方にとってメリットがあることによる。

供給側にとっては、超高層であれば同じ土地面積であっても、より多くの住戸を販売することができ、収益を上げやすくなる。

一方、需要者にとっては、都心部など利便性が高く地価が高い場所に住む場合に、高層建築であるため建設費用はかかるが、高い地価を多くの区分所有者で分担する形になるため、

図表5-2　タワーマンションのイメージ（購入検討者）

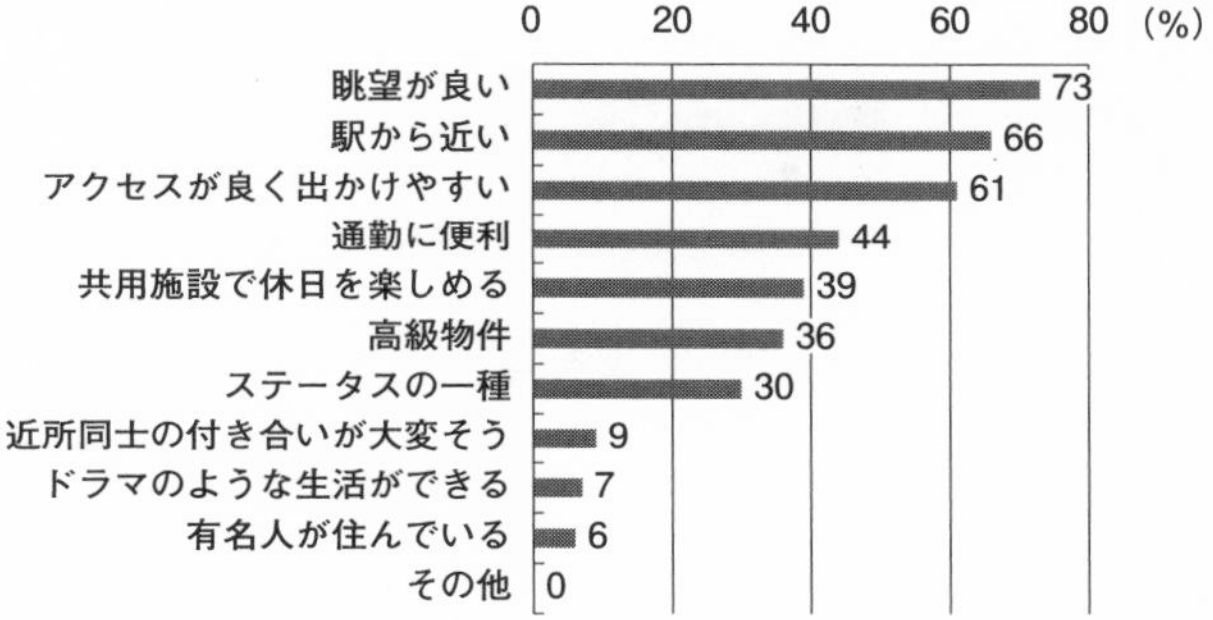

（注） 1. 複数回答
2.「タワーマンションに関する調査」（2017年9月）による。対象は，東京都，大阪府，名古屋市のタワーマンション（20階建て以上）を3年以内に購入する予定がある人（有効回答数100）。
出所：不動産・住宅サイト SUUMO「憧れのタワーマンション!購入検討者に聞いた『住みたい階』は意外な結果に!?」2017年12月25日

図表5-3　タワーマンションのメリット（購入者）

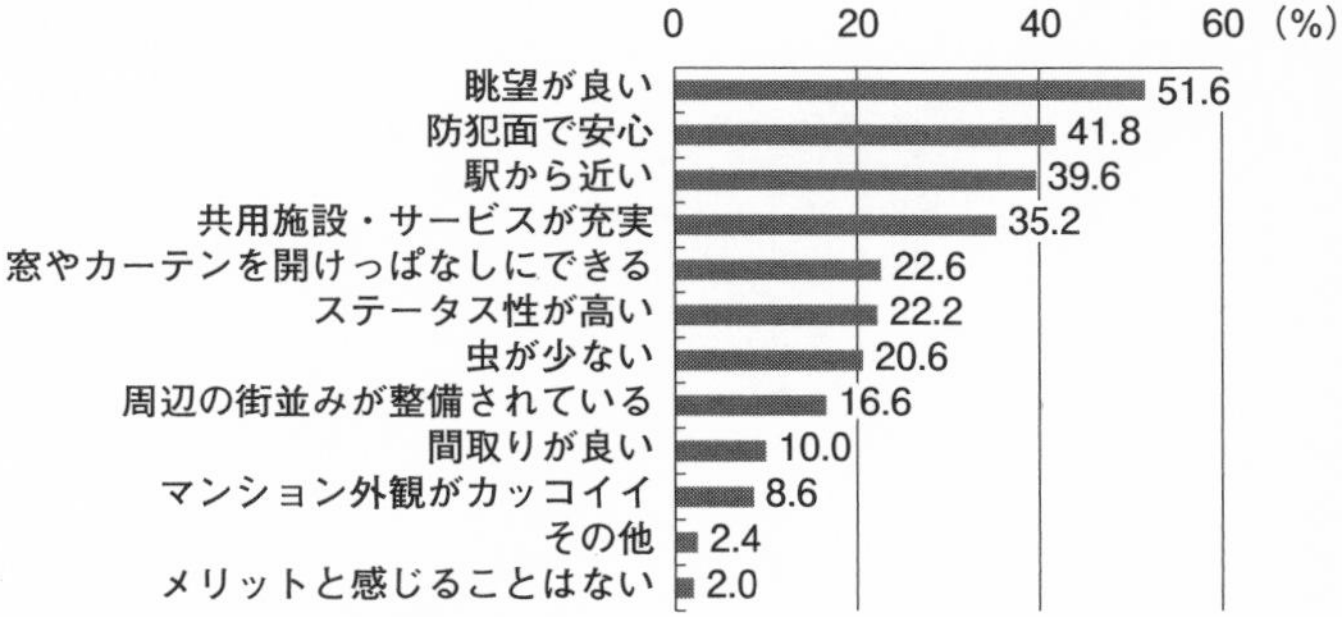

（注） 1. 複数回答（最大3つまで）
2. 2012年11月調査。対象は，首都圏（東京，神奈川，千葉，埼玉）にタワーマンション（20階建て以上）を所有し，現在居住中の人（有効回答数500）。
出所：nomu.com（野村不動産アーバンネット）「『タワーマンションに関する意識調査』アンケート結果発表」2012年12月

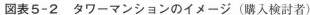

図表5-4　タワーマンションの購入目的

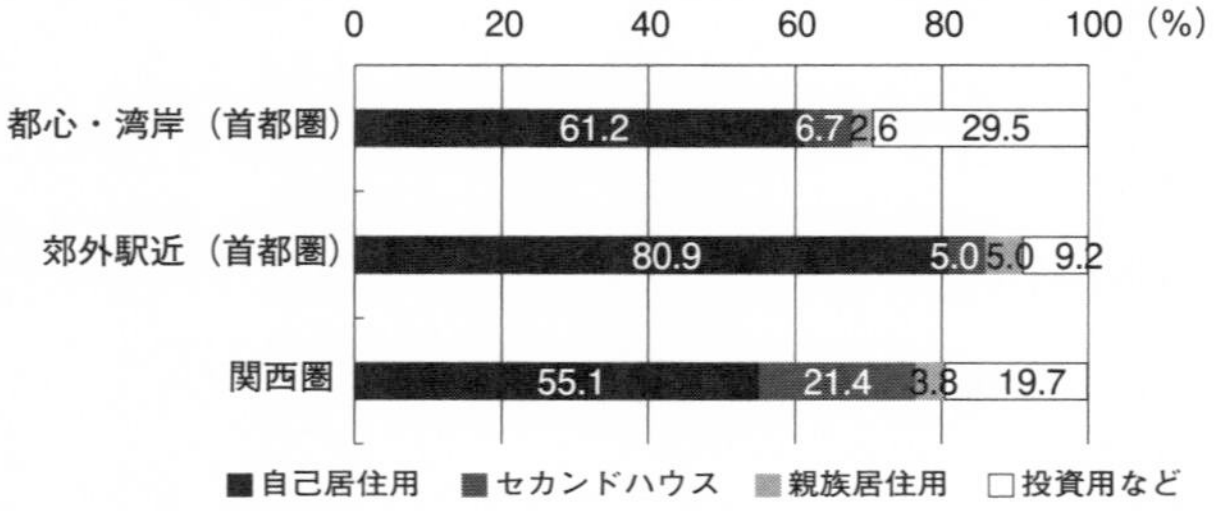

（注）対象は，三菱地所レジデンスが分譲したタワーマンションの購入者(2014～16年に契約)。各エリアともサンプルは２物件。郊外駅近の駅近とは，最寄り駅から徒歩５分以内。各エリアとも4,000～6,000万円台の価格帯が中心で，都心でも億ションの割合は５％程度。

出所：三菱地所レジデンス「データで見るタワーマンション購入者の実像―意外？　都心でも年収1,000万円以下が多い⁉」2018年12月7日

同じ場所に低層マンションを購入する場合に比べ、相対的に安い価格で取得することができる。また、タワーマンションならではの眺望や、充実した共用施設も魅力である。

実際、タワーマンション購入検討者への調査では、タワーマンションに抱いているイメージとしては、「眺望が良い」(73%)、「駅から近い」(66%)、「アクセスが良く出かけやすい」(61%)、「通勤に便利」(44%)、「共用施設で休日を楽しめる」(39%)が上位となっている(**図表5-2**)。

また、購入者への調査では、タワーマンションのメリットとしては、「眺望が良い」(51・6%)、「防犯面で安心」(41・8%)、「駅から近い」(39・6%)、「共用施設・サービスが充実」(35・2%)があがっており(**図表5-3**)、購入前のイメージとほぼ同様の項目が上位となっている。

こうした魅力を持つタワーマンションは、一般

に購入後も値崩れしにくいと考えられており、居住目的ではなく、投資用に購入される場合も少なくない。

タワーマンションの購入目的を見ると、郊外駅近（首都圏）では、80・9％が「自己居住用」であったが、都心・湾岸（首都圏）では、「自己居住用」は61・2％で、「投資用など」の割合が郊外駅近の3倍以上の29・5％であった（**図表5-4**）。

タワーマンションの今後の供給計画が絶えないのは、こうした魅力により、今後も必ず需要がつくとの見通しに基づいている。

3 まちづくりの中でのバランス⑴——地域のキャパシティ不足

しかし最近は、第二の視点、すなわちインフラや教育施設のキャパシティを上回る地域が現れており、その意味で供給過剰だとの捉えられ方もなされるようになってきた。問題の深刻化により、都内ではマンション建設の抑制に舵を切る区も出てきた。

江東区では、東京メトロ豊洲駅周辺などにタワーマンションが林立しているが、２０１８年10月からタワーマンションなどの大規模マンション（１５１戸以上）に、少人数世帯向けのワンルーム（25〜40㎡）や三世代同居向けの住戸（90㎡以上）を一定数整備するよう求めることとした。子育て世代などに人気の70㎡前後（40〜90㎡）のファミリー世帯向け住戸を減らすことで、人口流入を抑制する狙いがある。

江東区の人口は１９９７年に36・８万人にまで落ち込んだが、直近では52万人ほどにまで増加した。江東区では30戸以上のマンションを開発する事業者から、１戸当たり１２５万円の「公共施設整備協力金」の拠出を求めており、２００７年以降は、豊洲・有明地域の小中学校地域の整備に２００億円を投じてきた。しかし、キャパシティは限界に近づいている。

一方、中央区には都営地下鉄勝どき駅、東京メトロ・都営地下鉄月島駅周辺といったタワーマンション密集地域があるが、中央区はそうした地域を含む区内の８割の地域において、これまで一定の要件を満たすことで容積率の上限を１・４倍まで緩和していた制度を２０１９年7月に廃止した。ただし、この措置は中低層マンションに適用されてきた経緯があり、数十戸程度のマンション開発は抑制されるものの、タワーマンションは都などの緩和制度によって建て続けられる。

中央区の人口は１９５３年の17・２万人から、１９９７年には7・２万人まで落ち込んだ。この対策として、中央区は定住人口10万人の目標を掲げ、住宅誘導政策を約20年間続けてきた。この結果、タワーマンションを中心に大幅に人口が増え、直近の人口は16万人以上にまで増加した。

タワーマンションの供給に対し、地域のキャパシティ不足による供給抑制策については、日本全体の生産性という観点から批判的な意見もある(1)。

すなわち、知識集約型産業では、人的資本の高い人々の集積が生産性向上につながるため、人々の集積を地域のキャパシティ不足から抑制するような施策を講じるのは、日本全体の生産性向上にとってマイナスになるとの指摘である。この立場に立てば、供給は抑制すべきではなく、地域のキャパシティ拡大を、国も含めて支援していくべきということになる。

その必要性を判断するためには、人口集積による便益と費用を総合的に評価する必要がある。しかし、今のところはそうした視点は欠いたまま、地域内のキャパシティとの対比によって、人口流入を抑制すべきとの判断がなされている。

4 まちづくりの中でのバランス(2)――都心部への人口集中

一方、最近では、地域のキャパシティとの関係のみならず、まちづくり全体の中でタワーマンションの立地が望ましくないと考える自治体も出てきた。

神戸市では、条例の制定により、2019年7月からタワーマンションの立地規制に踏み切った。市中心部のJR三ノ宮駅周辺22・6haでは住宅建設を原則認めないこととし、その外に広がる山陽新幹線・新神戸駅やJR神戸駅などを含む292haでは、1，000㎡以上の用地を対象に、住宅部分に使用できる容積率の上限を最大900％から一律400％に引き下げ、タワーマンション建設を事実上不可能にした。これらエリア外では建設できるが、マンションの修繕管理状況をチェックしたい意向で、2021年度にも管理組合の運営や修繕計画を審査、認証する仕組みを作る。

タワーマンションが都心部に立地する問題点として市長は、第一に、神戸市では戦前から鉄道網を軸として市街地が形成されてきたが、都心への一極集中が進めば、周辺地域の人口減少を招き、鉄道事業の採算悪化や交通の利便性の低下を通じ、さらなる人口減少を招く悪循環に陥る可能性を指摘している(2)。

第二に、三ノ宮駅周辺などにタワーマンションが建設されれば、商業・業務機能が損なわれる恐れがあり、神戸市がショッピングやグルメ、アートシーンを楽しめる街であり続けるためには、都心に過大な居住スペースが生まれることは好ましくないという点を指摘している。

タワーマンションの立地が増えれば、人口増加に大きく寄与する点で歓迎する自治体も多いが、神戸市の考え方は、中心部を魅力ある空間とした上、周辺地域も含め、市全体で人口が維持されるバランスのとれたまちづくりを進めていくべきというものである。

図表５-５　タワーマンションの課題（神戸市研究会）

(1)　持続可能性の確保	
❶修繕積立金不足	マンション供給時の修繕積立金を低く設定しているような場合，定期的に必要な大規模修繕工事等の実施にあたって資金不足となる恐れがあり，合意形成の困難さから修繕積立金の増額や場合によっては修繕工事が実施できないといった事態も予想される。 また，その場合，当該マンションのみならず，周辺地域への影響も懸念される。
❷将来の保有コスト負担	一般のマンションよりもグレードの高い材料や設備としていることが多いため，タワーマンションの管理費や修繕積立金などの保有コストは高額となる傾向である。 また，マンションの高さや敷地等の諸条件により仮設足場などの施工方法が異なり，修繕工事の費用も割高となる傾向である。 これらのことから，今後，建物の経年劣化が進み，かつ，居住者の高齢化が進むことによる負担力の低下により，保有コストの負担が困難となる恐れがある。
❸災害への対応	地震などの災害時には，居住者の多いタワーマンションでは，備蓄や避難場所の確保などの問題も顕著に現れることになる。 また，災害時の停電によりエレベーターが停止した場合，高層階の住民，特に高齢者の生活への影響は多大なものがある。
(2)　良好なコミュニティの形成	
❶区分所有者の属性の多様化による合意形成の困難	タワーマンションでは，低層階，中層階，高層階で購入者層の違いがあることや投資目的・セカンドハウスとしての所有者が比較的多いことなど，区分所有者の属性が多様化していることが多いため，規約改正の決議などの際に合意形成を図ることが難しい状況にある。
❷周辺コミュニティとの関係の希薄化	セキュリティを高くしていることの多いタワーマンションでは，周辺地域との関わりも希薄になりがちであり，自治会への未加入など，周辺コミュニティの形成に支障が生じている地域もある。
❸高層階住民の外出行動の減少	タワーマンションの高層階の居住者，特に子育て層や高齢者の外出行動が減少するとの傾向が見られ，コミュニティ形成を阻害する要因となっている。
(3)　まちづくりとの調和	
❶都心部への人口集中	利便性や土地の有効活用の観点から，タワーマンションの立地が都心部に集中しており，都市のスポンジ化の問題が生じる恐れがあるなど，市域全体の人口分布のバランスの面で課題がある。
❷インフラの不足	タワーマンションの立地は極めて狭いエリアでの人口増加となり，小中学校の過密化などのインフラ不足による問題が生じている。

出所：神戸市タワーマンションのあり方に関する研究会「神戸市におけるタワーマンションのあり方に関する課題と対応策〈報告書〉」2018年12月

市が設置した「タワーマンションのあり方研究会」では、インフラ不足や都心部への人口集中を含むタワーマンションがもたらす問題を包括的に整理しており、参考になる（図表5-5）。

5　住まいとしての持続性

修繕積立金不足と中古価格値崩れの可能性

最後の第三の視点は、タワーマンションを含めたマンションという住まいの持続性をどのように考えるのかということと関わる。

タワーマンションの大規模修繕の事例はまだ少ないが、埼玉県川口市にある「エルザタワー55」（55階建て、1998年竣工）で2015〜17年にかけて行われた1回目の大規模修繕の事例では、12億円の費用がかかり、1戸当たりの負担額は約180万円だった。

タワーマンションの大規模修繕では、その高さのため、足場を組んで外壁の修繕が行えない難点がある。ゴンドラによる作業が必要になるが、作業効率は悪く、強風では作業の中止

図表5-6　タワーマンション購入で心配なこと（購入検討者）

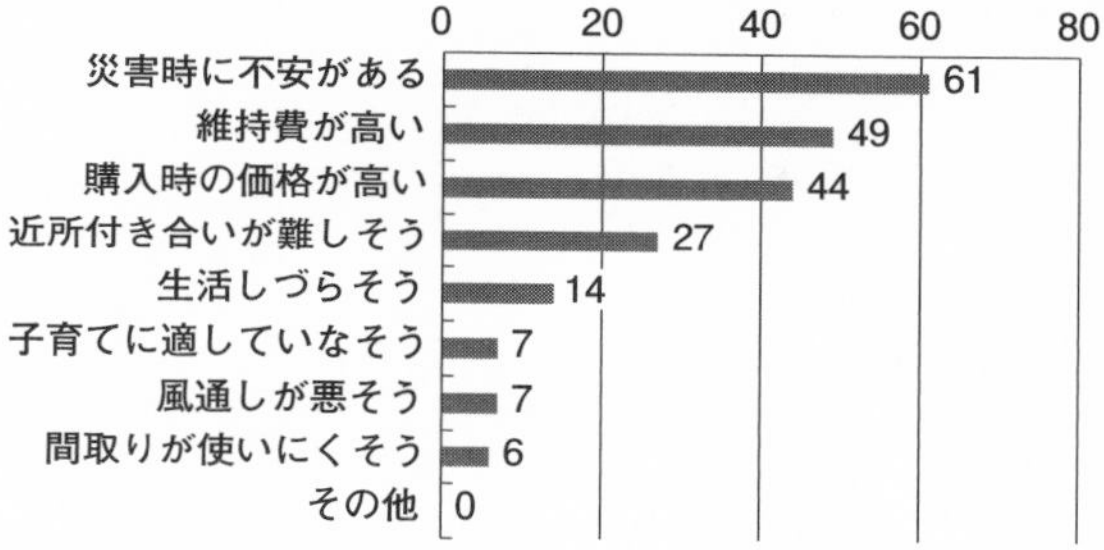

（注）　図表5-2と同じ
出所：図表5-2と同じ

を余儀なくされる。結果として工期は長期化し、費用も高くなる。1回目の修繕は済んでも、2回目の大規模修繕で必要となるエレベータや給排水システムなどの交換にはより費用がかかると考えられる。エルザタワーの場合は、1回目の修繕費用は追加負担なしで賄えたが、2回目の修繕に向け、修繕積立金の値上げが検討されている。

タワーマンションの維持費が嵩むとの認識は現在では浸透しており、タワーマンションで心配なこととしては「災害時に不安がある」に次ぎ、「維持費が高い」が上位となっている（**図表5-6**）。

長期修繕計画の見直しには合意が必要であり、タワーマンションの場合は、多数の区分所有者がいて、また、投資目的の区分所有者が多い場合には、修繕積立金の値上げには消極的な姿勢が勝る場合も考えられる。それでも将来的に多額の費用がかかることを見越して、修繕積立金の値上げに踏み切るタワーマンションも出ている。

その一例である神奈川県川崎市中原区にある「パークシティ武蔵小杉ミッドスカイタワー」（59階建て、2009年竣工）は、長期修繕計画を見直した結果、大幅な資金不足が生じることがわかり、2013年に修繕積立金月額を2・5倍に引き上げた。区分所有者の間で、適切な維持修繕によって資産価値を守り、ビンテージマンションを目指すとの意識合わせができたことなどが、大幅値上げに踏み切ることができた要因であった。

将来的には、このように区分所有者の意識が高く、適切な維持修繕を行えるタワーマンションとそうではないタワーマンションに二極化する可能性がある。前者の場合、中古物件として高い価値を維持できると考えられるが、後者の場合、中古価格は値崩れする可能性がある。

実際問題として、区分所有者の高い意識に基づいて資産価値を維持していくことは簡単ではない。そうした問題を見越して、タワーマンションを購入しても10〜15年ほどで売り抜けることを考えるべきだと指南する専門家も存在する。

つまり、1回目の大規模修繕の前である。そうであれば、1回目の大規模修繕で積立金が不足していたとしても一時金を徴収されることもなく、値崩れしないまま高い価格で売却できる可能性が高いとの考え方である。

こうした考え方は現時点で広まってはいないが、今後、2000年代に供給が増加したタワーマンションが続々1回目の大規模修繕を迎え、そこでの積立金不足や2回目に向けた積立金の大幅増額の必要性などが広く認識されるようになると、その時点で中古になっても高

図表5-7　定住、移住の意向（武蔵小杉駅周辺）

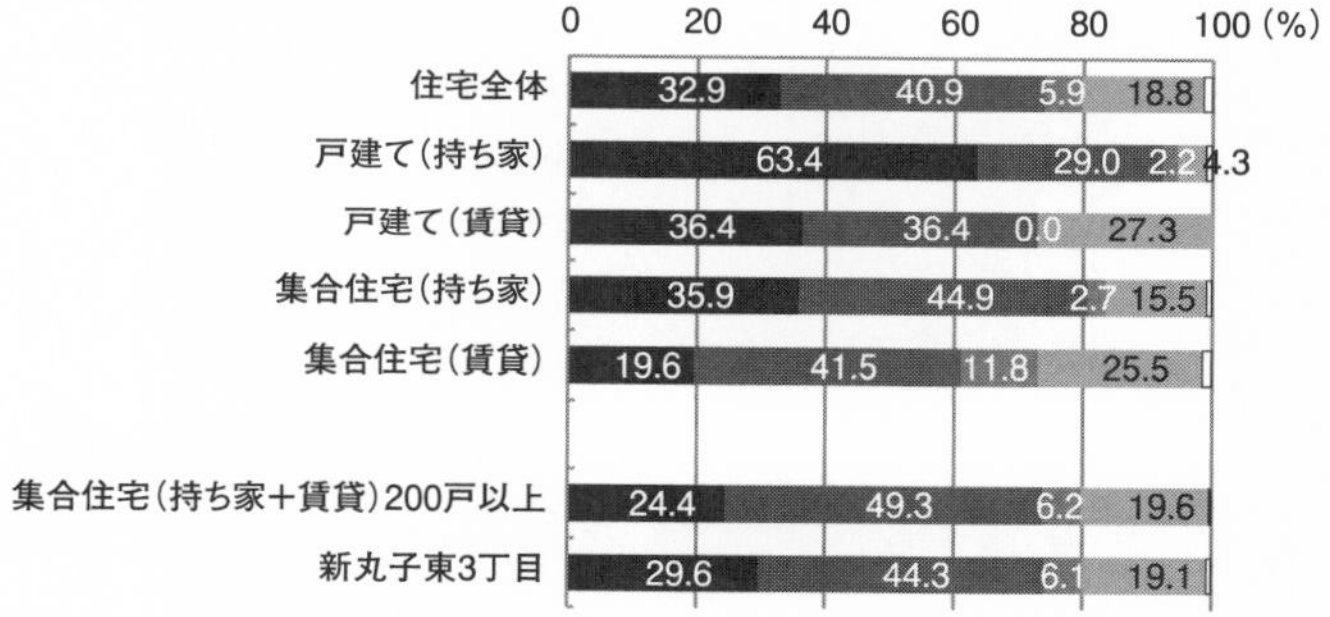

（注）　2014年８～９月調査。対象は、武蔵小杉駅周辺に住む人2,500人。回収数850（回収率34％）。

出所：川崎市中原区「武蔵小杉駅周辺地域におけるコミュニティ形成に関する意識調査」2015年３月

値で取引されていたタワーマンションが値崩れする可能性は否定できない。

物件としての維持可能性に疑問符が付いたタワーマンションは、居住者の高齢化や空室化が進む中、必要な管理費用や修繕積立金を徴収することがさらに困難になり、スラム化に向かうという、現在、通常のマンションで進展しつつあることがタワーマンションにも波及していくことになる。

高くない定住意向

現状で、タワーマンションに住む人の定住の意向はどの程度だろうか。

タワーマンションが林立することで知られる川崎市中原区の武蔵小杉駅周辺における調査によれば、今住んでいる地域にいつまでも

図表5-8　移転時期（武蔵小杉駅周辺）

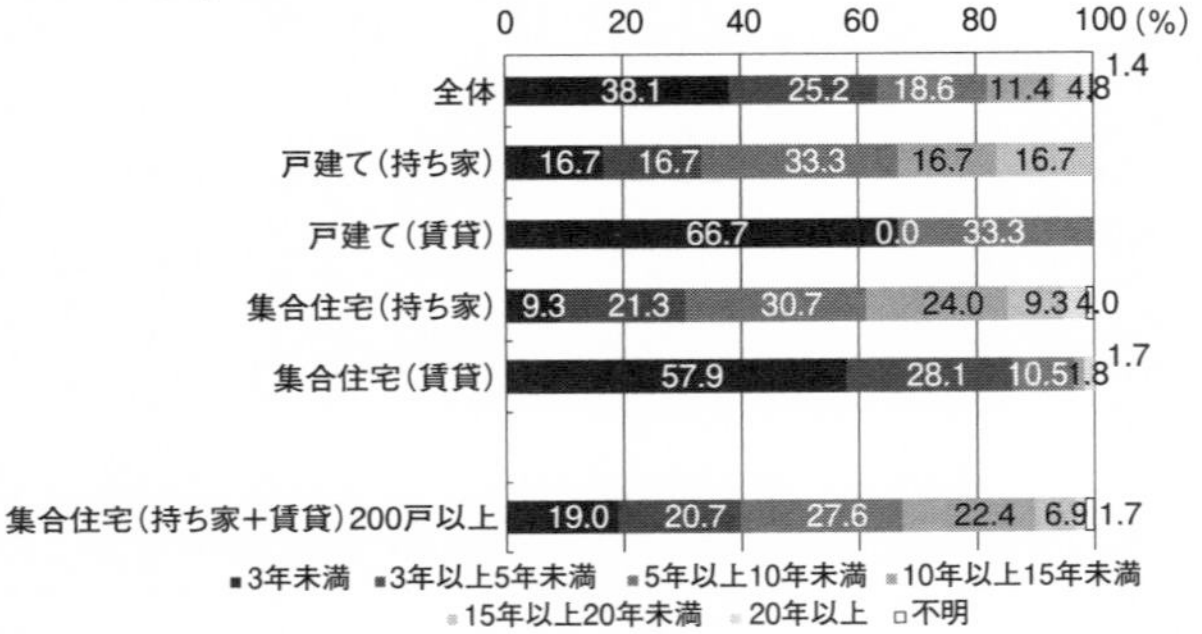

（注）「移転する」、「おそらく移転する」と回答した人への質問。
出所：図表5-7と同じ

住み続けたいかについては、戸建て持ち家では「定住意向」（住み続ける＋おそらく住み続ける）が92・4％、「移転意向」（移転する＋おそらく移転する）が6・5％であったのに対し、集合住宅持ち家では「定住意向」が80・8％、「移転意向」が18・2％と、集合住宅の方が定住意向が低かった（**図表5-7**）。

このうち、タワーマンションの居住者に限った集計は公表されていないが、タワーマンションの居住者が多く含まれると推察される、集合住宅全体（持ち家＋賃貸）のうち200戸以上の規模の物件に住む人についてみると、定住意向が73・7％、移転意向が25・8％と、集合住宅持ち家よりも定住意向が低く、移転意向が高かった(3)。実に3割近くが移転意向ということになる。さらに、集合住宅（持ち家＋賃貸）のうち200戸以上の規模で移転意向と答えた人が考えている移転時期については、「5年～10年後」が27・6％と最も多く、次いで「10～15

年後」が22・4％であった（図表5–8）。

先にあげた調査で都心・湾岸では投資用の購入者が3割近く、また、今紹介した調査でやはり3割近くが定住意向ではないことを考えれば、定住を前提に、維持管理に強い関心と責任を持ち続けるというタワーマンション保有層は、圧倒的な多数というわけではない現実を直視すべきであろうと思われる。

武蔵小杉駅周辺で調査が行われたのは2014年であり、その後、実際に売却するなどして移転した人がどれくらいいたかはわからないが、タワーマンションの居住者の中で潜在的には移転したいという人は、比較的多く存在することになる。いずれ移転したいという人が多いタワーマンションでは、管理意識が希薄になってしまいがちになることは否定できない。

●コミュニティ形成についての認識不足

タワーマンションを購入する場合は、通常のマンションよりも維持修繕にお金がかかること、また多数の区分所有者がいて合意形成にも時間がかかることを見越し、管理組合を通じた日頃からのコミュニケーションがより一層重要になることを自覚する必要がある。

しかし、そのような必要性はあまり自覚されておらず、マンションは戸建てと比べて近所付き合いの必要がなく、カギ1つで他人とかかわらず生活できるとの利便性に引かれて購入する場合が多いことは否定できない。

現実には、区分所有者が多数いる中、定期的な大規模修繕を合意によって進めていかなければならないマンションの方こそ近隣との密なコミュニケーションが必要になる。

にもかかわらず、そのような必要性を理解しないまま購入していることは、マンションの持続性に影を落とし、将来的に売れない中古物件が大量に発生する可能性を高めているといえる。

なお、こうしたマンションの住まいとしての持続性の問題は、前掲の神戸市研究会でも、持続可能性というカテゴリーで整理されている（図表5-5）。

6　おわりに

以上、タワーマンションの供給過剰問題について3つの視点から考えてきたが、次のように整理することができる。

供給すれば売れることから、現時点では供給過剰になっているとはいえない。しかし、一部地域ではインフラや教育施設などのキャパシティを超えていたり、望ましいまちづくりとのバランスから逸脱したりしていると考えられるケースもあり、その意味では供給過剰になっている。

ただ、キャパシティ不足の問題については、都市部に人的資本の高い人々の集積を図り、日本全体の生産性を高めていくという観点からは、いたずらに抑制すべきではなく、キャパシティを拡充すべきという見解もある。適切な供給量がどの程度かに関しては、こうした点を総合的に考えていく必要がある。

タワーマンションが人々の都心居住の要求を満たし、また、生産性向上に寄与する効果をもたらしているとしても、持続的な住まいでないとすれば、地域や日本にとって逆にマイナスとなる。

タワーマンションの持続性を担保するためには、必要な修繕積立金を確保して適時に維持修繕を行い、すべてのタワーマンションがビンテージマンションとなって、中古物件としての価値が保たれていくような取り組みを行っていく必要がある。

これは通常のマンションでも必要なことであり、今後は、タワーマンションを含むすべてのマンション購入者に対し、購入時に老朽化した場合のリスクや区分所有者の責任などの注意喚起を行う仕組みにすることが望ましい。

長期修繕計画については、60年間の計画を義務付け、均等割で月々の修繕積立金を徴収し、当初から十分な額を積み立てていく形に変えるべきである。

(1) たとえば、中川(2018)。

(2) 久元(2019)。

(3) 調査対象地域の地区別の結果を見ると、新丸子東3丁目が「集合住宅・持ち家」が93・9%であり、また、集合住宅(持ち家+賃貸)のうち92・9%が200戸以上の規模となっており、ほとんどがタワーマンション居住者と考えられる。新丸子東3丁目における定住意向は73・9%、移転意向は25・2%であり(**図表5-7**)、タワーマンション居住者が多く含まれると推察される、集合住宅全体(持ち家+賃貸)のうち200戸以上の規模の物件に住む人の定住意向、移転意向とほぼ同じ数値になっている。

第6章　コロナ禍がもたらすまちづくりの変化とは

1 テレワークによって住む場所の制約はなくなるのか

序章でアフターコロナの都市と住まいの方向性についての論点を整理し、それに関連した課題として第1章、第2章ではそれぞれコンパクトシティ政策、移住者呼び込みの方策について論じた。また、第3章から第5章では、コロナ以前からの課題である賃貸住宅とマンション、タワーマンションの問題について述べた。

ここで再び、アフターコロナの都市と住まいに話を戻し、筆者が特にテレワークについて現実的にはどのような方向に向かうと考えているかについて述べていくことにする。その上で、筆者がかねて今後のまちづくりの要素に重要と考えてきたまちのコンパクト化、エリアマネジメント、人・お金の呼び込みの3つの要素について、コロナ禍がどのような影響を及ぼすかについて検討していく。このうちコンパクト化については第1章のエッセンスを繰り返すことになり、人の呼び込みについては序章で述べたことに再び言及するが、本章において3つの要素を対比させる形で改めて説明したいためである。

●評価の定まらないテレワーク

コロナ禍によって出社が困難になり、否応なくやらざるを得なくなったテレワークであったが、当初は意外とそれでもできるとの評価が少なくなかったように思える。好意的な評価が多かったのは、思っていたよりもできるとの、そもそもの期待値が低かったことの裏返しという面もあったかもしれない。それに伴い、IT系などの一部企業が、ほぼ完全にテレワーク化して、都心のオフィスを引き払ったりする動きを見せたことで、働く場所の制約がなくなって、郊外、地方、さらには海外も含め、住む場所が自由に選べる近未来に対する期待が高まった。

しかし、テレワーク期間が長引くにつれ、コミュニケーション不足やそれに伴う生産性低下といった問題を無視せざるを得なくなるに至り、やはり出社は欠かせないとの意見も多くなっている。コロナとの共存が進みつつある現在は、テレワークを実施しているとしても週のうちの何日かで、接触機会をできるだけ減らす目的で残しているにすぎないケースが多いと思われる。そうであれば、コロナが完全に収束すれば、通常の働き方に戻していく可能性が高い。

つまり、現時点では働く場所、住む場所の制約を取り払うような、本格的なテレワーク導入企業はごくわずかで、出社を前提とする働き方には、今のところそれほど大きな変化がないとの評価をすることもできよう。

実際、日本経済新聞社が行った調査（2020年9月）によれば⑴、テレワークの頻度（週に1日、2日、3日、4日、5日以上から選択）はピーク時には週5日以上と回答した人が50・1％と最も多かったが、現在は週に1回が33・7％と最も多くなっている。テレワークを経験した人は全体の86・6％で、そのうち今後については、「現状程度で維持したい」が55・0％と最も多く、「増やしたい」は32・5％、「減らしたい」は12・6％だった。生産性については「変わらない」が42・2％と最も多く、「上がった」とする人は31・2％で、その理由としては、「移動時間が減り作業時間を確保しやすくなった」、「実務を中断される機会が減った」、「静かな環境で集中しやすい」の順で多かった。逆に生産性が「下がった」とする人は26・7％で、その理由としては、「同僚や部下、上司とのコミュニケーションが取りにくい」、「私生活と仕事の切り替えが難しい」、「チームの仕事の進捗状況が把握しづらい」の順で多かった。

コミュニケーション不足について経営層はより深刻に捉えており、日本経済新聞社が行った別の調査（2020年9月）では⑵、テレワーク導入による変化について、「コミュニケーション」は52・4％が「不足した」と回答し、「活発化した」は2・5％にすぎなかった。このほか、「従業員の管理がやりにくくなった」は48・0％、「従業員の評価がやりにくくなった」は44・3%であった。一方、「経費」は「減った」が58・1%、「労働時間」は27・3%が「減った」とし、こうした点ではテレワークのメリットが出てきているという結果となった。テレワークについてはその是非、効果については評価が分かれている。

問われるオフィスの役割

完全テレワーク化できる業務は、IT系であるかどうかにはかかわりなく、対顧客でほぼ1人で業務を完結できるような場合や、チームで行う業務でも分担がはっきりしている場合など、やるべきことが明確かつ固定されている傾向があるように思われる。それ以外の多くの業務では、社員同士がコミュニケーションをとりながら、業務を進め、その改善を図ったり、新たな財・サービスの提供を考えたりしながら、行っている場合が多い。対面に基づく社員同士の創発は、思いがけず発生する場合も多く、オンラインではこれが困難であることも、テレワークに対して否定的な意見が出る要因ともなっている(3)。そのほか、テレワークでは社員同士の一体感も築きにくく、会社独自の文化、カラーといったものも育みにくく難点があるとの指摘もある。

この点については、一見、小回りがきき、テレワーク導入にも積極的と考えられるベンチャー企業の意見も大差ない。東洋経済新報社による調査(2020年9月)によれば(4)、今後も「オフィスが必要」との認識がほとんどだった。具体的には、「コミュニケーションを通して、新しいビジネスアイディアが生まれる場所。コロナ禍におけるもろもろのリスクをとってでも、投資すべき場所」、「働く場所というよりは、人間関係やカルチャーをつくりメンテナンスしていく場所になる」、「オフィス自体は必要で新しい役割が求められるようになる」などの意見があがっていた。

このようにコロナ禍は、なぜ会社がオフィスを持ち、そこで一緒に働く必要があるのかについて、その意味を根本的に問い直しているともいえる。コロナ収束後に、オフィスに集まっての勤務に戻すにしても、集まって働くことでどのような効果が発揮されるべきなのか、またそのような効果が発揮されるオフィスの形態や、必要な出社日数はどの程度なのかなど、新しい出社形態のデザインが求められている。

大手企業でも、一部電機メーカーなどは、いち早く完全テレワークに近い形態を導入し、都心のオフィスを縮小する動きを見せているが、この根本的な問いに対して向き合った結果の対応とは思われない。むしろ、自社開発のテレワーク関連のツールを売り込むために、まずは率先して自社でテレワークをして見せようということなのであろう。もし本当にこうした浅薄な考え方に基づいた行動だとすれば、いずれ自社内でのコミュニケーションや創造性の発揮に、致命的な問題を発生させかねない可能性すらある。

したがって、このような点を考慮すれば、テレワークの普及に基づき、人々の働く場所や住む場所の制約がなくなり、それに伴い郊外や地方への人口移動が本格化するなどといった見通しは、筆者は抱いていない。テレワークを単純に継続することではなく、根本的には新たな出社形態のデザインが求められているのであり、オフィスに通う形自体はなくならない。そうした観点からは、住む場所の制約は完全にはなくなることはない。これが現実であろう。

2　コロナ後のまちづくり

オフィスの都心脱出は限定的

こうした前提で今後のまちづくりの方向性を考えていく場合、コロナ禍がこれまでの根本を揺るがすような変化をもたらすとは考えられない。

問われているのはオフィスという箱の中で何を行うべきなのかということである。どの箱を使って何を行っていくのかということを再設計することが、企業として求められており、その答えは、郊外や地方移転とは限らない。

むしろ、都心脱出の動きが少し出ていることでオフィス需給がやや緩んでいる今こそ、利便性の高い立地にオフィスを確保するという選択肢もあり得る。

先に紹介したベンチャー企業に対する調査では、オフィス移転の予定がある企業は35・5%で、その理由としては、「テレワークの導入」や「固定費削減」のほか、「採用強化・立地改善」があげられていた。

オフィス選びの際に重視する要因としては、「賃料の安さ」と「立地のよさ」が多く、移転先候補としては都心5区（渋谷、千代田、中央、港、新宿）が圧倒的だった。自社ビジネスの成長に伴い、最近同じ港区内に移転したが、この際、密を避けるためにも十分なオフィススペースを確保した例もある。

大企業はより多くのオフィススペースを抱え、移転のため中途解約となると違約金が重くのしかかり、退去の際の原状回復、移転先での内装工事などのコストも大きくなる。加えて、先に述べたようにテレワークの評価は分かれており、そこまでのコストを負ってオフィスの大幅縮小や移転に踏み切る企業は、現実にはわずかと考えられる(5)。

むしろ、数年してコロナが完全に収束すれば、都心のオフィス需要は元に戻るとの見方をすることもできよう。東京都心部では、たとえば2023年には虎ノ門を中心にオフィスビルの再開発が完成・開業を迎えるなど再開発が進められており、新たな需要に対応する余力が着々と蓄えられている。

ただコロナ禍を契機に、今後もテレワークは一定程度行われていくと考えられるため、現在は、都市開発面ではサテライトオフィス用の物件確保、一方、地域発の動きとしてはテレワークやワーケーション人材誘致のための物件確保や環境整備などの動きが現われている。

これらの動きは、デジタル化の進展によりテレワークが徐々に普及していけば、いずれは出てくる動きであったともいえるが、コロナ禍のテレワーク需要急増に応えるべく短期間で表面化した。

このような動きが多数出てきた場合、それぞれが需要をつかむことができるのかという問題は出てくると考えられる。

今後のまちづくりに必要な要素

ここで、コロナ後のまちづくりにおいて、変化があるとしたらどのような点にあるのかという点に視点を移していこう。かねて筆者は、地方を中心としたまちづくりにおいて、次のような要素が必要になると主張してきた(6)。

まずは、まち（市街地）のコンパクト化である。

人口減少が本格化する中、これまで広げてきたまちのコンパクト化がより一層求められるようになっている。人口増加時代に広げたまちの全域を維持するためには、インフラや公共施設の維持更新費の負担が重くなりすぎている。薄く広がったまちは、高齢者にとっても暮らしづらい。まちのコンパクト化は以前から必要とされてきた課題であるが、「居住誘導区域」の設定をうまく行うことで、進めていくことが期待されている。

次に、エリアマネジメントである。

今後ともまちとして残る、あるいは残していくべきエリアにおいては、エリアの価値向上活動であるエリアマネジメントが、様々な形で現われるようになっている。エリアマネジメントとは、住民や事業主、地権者などが主体となってエリアの魅力や活力を維持しようとする活動である。

さらに人口減少時代において地域が問われる課題は、まちを持続していくために、いかに人材やマネーを呼び込むかという点である。

人材は、人口減少時代では奪い合いとなりがちであるが、必要とされる人材のターゲットを絞って移住を呼びかけ成功する例も出ている。マネー呼び込みの仕掛けについては、かつてブームとなった地域通貨が、ＩＴ技術を活用することで再活性化する兆しが現われつつある。また、クラウドファンディングを活用した資金調達も活発化している。

このように人口減少時代においては、まちを維持可能な範囲にたたみ、残していくエリアの価値を最大限高め、同時に必要とされる人材とマネーをエリア内に囲い込む戦略が求められることになる。

こうした方向性について、コロナ禍はどのような影響を及ぼしていくと考えられるだろうか。本章の後半では、それぞれの現状と事例を紹介するとともに、コロナ禍が及ぼす影響について考えていくことにする。

3　コンパクトシティ政策

●コンパクト化の必要性

第1章で述べたが、人口減少時代においては、まちをたたんでいく必要性が高まっている。人口増加時代にまちが大きく広がったケースでは、その後の人口減少により空き家や空き地が増え、まち全体の維持が難しくなっているケースは少なくない。まちが郊外に広がる過程では、中心市街地の空洞化が進んでいる場合も多く、コンパクトシティ化は中心市街地活性化政策とも密接にリンクする。

コンパクトシティ化の必要性が主張される場合、主な理由は次の3つである。

第一は、高齢化社会において、日常の買い物や通院において自分で車を運転しなければ用を足せないまちは、暮らしにくいことである。第二に、薄く広く拡散したまちの公共施設やインフラを、人口減少が進んでいく中では、すべて維持することは財政的に困難ということである。第三は、地方においては税収に占める固定資産税の割合が高いが、中心市街地が空洞化してその価値が下がると、固定資産税収が維持できず、財政に悪影響が及ぶことである。

一般には、第一の理由が強調されることが多いように見受けられるが、自治体にとっては財政上の第二、第三の理由がより切実である。

●立地適正化計画の策定状況

コンパクトシティ政策は従来、改正中心市街地活性化法（2006年8月施行）の枠組みで行われることが多かった。しかし、成功事例として取り上げられるのは富山市くらいで、十分な成果が上がったとはいえない。

そこで、新たなコンパクトシティ化の枠組みとして、改正都市再生特別措置法（2014年8月施行）により「立地適正化計画」の仕組みが導入された。立地適正化計画は、住宅と都市機能施設の立地を誘導することでコンパクトなまちづくりを目指すもので、都市計画マスタープランを補足するものと位置づけられる。策定する動きは急速に広がっており、2020年7月末時点で542都市が立地適正化計画に取り組んでおり、うち339都市が計画を策定、公表した（国土交通省調べ）。

立地適正化計画では、住宅を集める「居住誘導区域」と、その内部に商業施設や医療施設、福祉施設などの立地を集める「都市機能誘導区域」が設定される。居住誘導区域外では、たとえば3戸以上の住宅開発には届出が必要になり、開発が抑制される。

●コンパクトシティ政策の事例

まちのコンパクト化に対するこれまでの取り組みは、その契機や進捗度合いによって、およそ3つに分類することができる。

第一は、財政破綻で否応なくコンパクトシティ化に踏み切らざるを得なくなったケースである。夕張市がそれで、住宅の多くを占める公営住宅（旧炭鉱住宅）の集約という形でまちのコンパクト化を進めている。中心市街地活性化計画や立地適正化計画によるものではなく、破綻後の取り組みという特殊なケースであるが、目指す方向は同じである。

第二は、将来への危機感からいち早くコンパクト化を進め、一定の成果を出しているケースである。第1章でも述べた富山市がそれに当たる。富山市の場合は、既存の鉄軌道を利用してLRT（次世代型路面電車）を整備するとともに、中心市街地や公共交通沿線に移り住むインセンティブを設け、近年は中心市街地の人口増加、地価回復という成果が明確になってきた。

岐阜市は公共交通の整備を先行させてきた。岐阜市は、路面電車が廃止された後、ＢＲＴ（バス高速輸送システム）やコミュニティバスなど、バスを中心とする公共交通ネットワークの構築を進め、今はまちの集約を進めている。

第三は、将来への危機感から取り組み始めたが、まだこれからというケースである。その一例には、ＬＲＴを導入しようとしている宇都宮市がある。富山市と異なるのは、既存の鉄軌道を活用するのではなく、全区間新設という点である。それだけに財政的負担が大きく、また、期待通りの成果が発揮されるのかの見極めが難しいものとなっている。

埼玉県毛呂山町もまだまだこれからである。毛呂山町の立地適正化計画は、空き家率や地価上昇率の目標値を設定している点がユニークである。空き家対策とリンクさせ、また、地価上昇によって固定資産税の税収維持を図ろうとしている。町村で最初に立地適正化計画を策定したのは毛呂山町であり、それだけ危機感が強いことを示している。

公共交通の選択肢

これらの事例のうち、将来の衰退に対する危機感が特に強い例は、夕張市、毛呂山町である。富山市、岐阜市、宇都宮市はそれほどの危機感があるわけではないが、薄く広がったまちを維持できなくなるという問題意識が強い、地方の大都市という共通点を持つ。

また、これら事例は、新たに整備する公共交通として、バスを重視するか（岐阜市、毛呂山町）、LRTを重視するか（富山市、宇都宮市）、それ以外か（JR廃線後はデマンド交通重視の夕張市）に分けることができる。LRTを重視する場合、既存鉄軌道を活用するか（富山市）、全区間新設するか（宇都宮市）の違いがある。

公共交通として何を選択するかは、地域の状況によって異なる。富山市の場合は、恵まれた鉄軌道のストックを活用した。岐阜市は路面電車が廃止された上、鉄道は市外との交通手段にすぎないため、バスネットワークを充実させるしか方法がなかった。宇都宮市では南北の鉄道軸はあるが東西軸がないため、LRTの新設で補おうとしている。毛呂山町は旧市街地の人口維持で既存の鉄道路線を保つとともに、ニュータウンと鉄道駅を結ぶバス整備に注力しようとしている。このように、コンパクト化を進めていく前提としては、公共交通の整備が重要になる。

一方、居住誘導区域の設定は、客観的な基準に基づくのがわかりやすい。たとえば富山市では、中心市街地と、鉄軌道駅半径500m以内およびバス停半径300m以内の地域としている。

現状出ている339都市の立地適正化計画では、ほとんどの都市が都市機能誘導区域、居住誘導区域をともに設定している（336都市、99%）。ただし、居住誘導区域に関しては今後、近年の大雨や台風被害の頻発により、防災上危険なエリアに多くの人が居住している実態が明らかになったことへの対応が急務となる。すなわち、居住誘導区域から防災上危険なエリアは除外していく必要がある。

居住誘導区域からはずれた場合、その土地の価値は下がっていかざるを得ず、地権者にとっては歓迎できることではない。それでも自治体は、将来の財政状況を考え、居住地として残すべきエリアを絞り込んでいかざるを得なくなっている。自治体にとっては、財政破綻後に否応なくコンパクト化を迫られるか、それとも、その前の段階でコンパクト化に踏み切ることができるかという選択の問題になりつつある。

●コンパクトシティ政策の今後とコロナ禍の影響

コンパクト化の課題に対しては、行政とともに都市開発や交通網整備などの関連産業も積極的に関わっていく必要がある。都市開発面では、中心市街地への投資が必要になる。たとえば富山市では、中心市街地に、賑わい創出のための広場や商業施設整備の投資が行われた。

投資の狙いは市の財源維持にある。富山市の場合、中心市街地の面積は全体の0・4％にすぎないが、固定資産税・都市計画税収は全体の22・4％を占める（2016年度当初予算）。固定資産税収の維持のためには、中心市街地に投資し、地価の維持、上昇を図る必要がある。

コンパクト化を進めていく過程では、そのような都市開発需要が増大していくことになる。コンパクト化の方向性に対し、コロナ禍が影響を及ぼすことは基本的にはないと考えられる。ただ、移住が可能になったテレワーカーが、移住先として今後、居住地として存続させることが望ましくないエリアを選ばないよう、居住誘導区域の適切な設定およびその広報を急ぐべきと考えられる。

4　エリアマネジメントおよび人の呼び込み

●エリアマネジメントの必要性

エリアマネジメントは、「地域における良好な環境や地域の価値を維持・向上させるための、住民・事業主・地権者等による主体的取り組み」（国土交通省）と定義される。現在においては人口減少が本格化し、空き家、空き地が増加する中、良好な住環境を維持、創出するためのマネジメント活動が、より一層必要になっている。

空き家問題は近年、大きくクローズアップされ、空家対策特別措置法の施行など行政による対応も進んできた。しかし、これまでのところ、個別の問題空き家への対処やまだ使える空き家の再生など「点としての対応」が中心であり、まちづくり全体の中で空き家問題に対処していくという「面（エリア）としての対応」はあまり進んでいない。

一方で、市民や事業会社、ＮＰＯなど民間を主体とする活動の中には、個別の物件再生の動きから始まりながらも、エリア全体の再生を視野に入れた活動に発展する例も出ている。あるいは、当初からエリアを永続させることを志向して成長管理的な手法でまちづくりを行い、各地でエリアの衰退が進む中、その活動の先進性が際立つような例も現われている。

活動の発展形態も多様で、民間主体の活動から出発しながらも、行政がその成果に注目し行政との連携に発展したりする例、また、逆に行政が仕掛けることで民間の潜在力を呼び起こす例などがある。活動開始時期も、当初から活動をしてきた例、逆に衰退の極みに至って民間や行政による仕掛けが登場し、それが成果を出し始めているような例もある。

エリアマネジメントの事例

ここでは、エリアマネジメントが導入された時期別に、エリアの開発当初から導入されたケース、エリアの衰退予防の活動として立ち上がったケース、衰退後の再生活動として立ち上がったケースの３つに分け、その事例を簡単に紹介する（**図表6-1**）。

図表6-1　エリアマネジメントの事例

名　称	契機	主　体	成　果	採算性	地域特性
福岡市百道浜四丁目戸建地区町内会	開発当初から	住　民	美しい街並みの創出、維持による住宅地としての価値向上	○エリア価値維持	郊外型高級住宅地
山万㈱		事業会社	空き家を発生させず、住民を循環させる事業としてのまちづくり	○エリア価値維持	郊外型住宅地
東急㈱	衰退予防	事業会社	空き家を発生させず、住民を循環させる事業としてのまちづくり	○エリア価値維持	高級住宅地
㈱MYROOM	衰退後の再生	事業会社	空き店舗、空き家の事業としての再生	○	中心市街地
NPO法人尾道空き家再生プロジェクト		NPO、行政	官民連携による空き家、空き店舗の再生	×要補助金	中心市街地
NPOつるおかランド・バンク		NPO、行政	官民連携による空き地所有権の移転、再利用コーディネート	×要補助金	中心市街地

エリアマネジメントを開発当初から導入したケースとしては、シーサイドももち（百道浜四丁目戸建地区町内会が実施）、ユーカリが丘（山万㈱が実施）があげられる。

前者は、景観にも配慮した住宅地が開発され、それがその後の住民の活動によって維持されているケースである。後者は、業者がニュータウンの建設に当たり、一気には開発せず、時間をかけて少しずつ開発し、その後の高齢化の進展に合わせ、空いた戸建てをリノベーションして新たな住民の呼び込みに使うといった成長管理型のまちづくりとして知られる。

この2つは、ともに良質な住宅地として成長した。適切な維持管理、成長管理を行うことが住宅地としての価値を維持することにつながるため、住民や業者にとってエリアマネジメントは、費用がかかっても十分採算の合う活動となっている。人口減少下でも持続可能なエリアを形成するためには、当初からエリアマネジメント活動を行うことが望ましい。

衰退を未然に防ぐため、エリアマネジメントの考え方を取り入れた例として、東急沿線（東急㈱が実施）の例がある。沿線の高齢化に対処するため、駅近のマンションにシニア層を誘導し、空いた戸建てをリノベーションして子育て層を呼び込むなどの取り組みを行い、衰退を食い止めようとしている。衰退を防ぐことができれば、業者にとって採算に合う活動となる。

ただ、当初は導入しておらず、中途段階でエリアマネジメントを導入して衰退を防げるエリアは、そもそもエリアとしての魅力を備えた場所でなければ難しい。

すでに衰退してしまった場合で、民間の活動が行政をも巻き込むエリアマネジメント活動に発展している例として、長野市善光寺門前（㈱ＭＹＲＯＯＭが実施）と尾道市旧市街（ＮＰＯ法人尾道空き家再生プロジェクトが実施）がある。空き家、空き店舗の新たなユーザーへの橋渡し役を、前者では地元の業者、後者では地元のＮＰＯが担い、活用を進めたケースである。前者は民間事業として採算の合う活動となっており、後者は民間事業として採算を取ることは難しいが、補助金やクラウドファンディングの助けによって、継続している。ただし、いずれにしても、一度、衰退したエリアの再生を図るためには、エリアの潜在力を引き出すアイディアや人材を発掘することが必要になる。2つのケースは、再生のキーマンがいずれも地元出身で、エリアの再生に貢献したいという思いが強かった。

すでに衰退してしまったケースで、行政が主体となってエリアの再生を促す仕掛けをつくったのが鶴岡市中心市街地（NPOつるおかランド・バンクが実施）である。行政が資金面で支え、民間の助けを得ることで土地利用の再編を行っている。権利関係を調整し、空き家・空き地を道路拡幅や隣家の敷地拡張に使うことで居住環境を改善するもので、官民で3、000万円のファンドを組成し活動している。民間の採算が合わない場合にエリアマネジメントを導入するためには、行政による支援が不可欠になる。

●エリアマネジメントの今後とコロナ禍の影響

人口減少下で将来的に生き残るエリアの選抜が行われつつあるのが現在の状況であり、生き残るエリアについては、民間や行政、NPOなど何らかの主体によるエリアマネジメント活動が出現しつつあると考えられる。

前述のように自治体の多くは、すでにすべてのエリアを存続させることが難しくなっており、まちのコンパクト化で生き残りを図ろうとしている。そうしたケースでは、今後とも残すエリアにおいて、再開発する場合にエリアマネジメントを導入するか、あるいは残すエリアの衰退を食い止めるためのエリアマネジメントを求められることになる。

民間事業として成り立つためのハードルは高い。しかし、少しでも公費を投入して成り立つ余地があるのであれば、公費を投入する価値はある。あるいは行政が是非残したいと考えるエリアについては、行政が主体となり、民間の協力を得る形でエリアマネジメントを導入することは今後、増えていくと考えられる。関連産業の取り組みが求められる。空き家、空き地の権利関係の調整、境界の確定などの知見も必要になる。

人の呼び込みについては、エリアマネジメントにはもともと地域の魅力を高めることで、人を呼び込む要素が含まれているが、コロナ禍を契機に、テレワーク人材を誘致しようとする動きが各地で現われている。

序章で述べたことの繰り返しになるが、たとえば、北海道の北見市や斜里町などは、従来からテレワーク人材の受け入れに積極的だった（総務省「ふるさとテレワーク実証事業」、全国15か所が採択）。斜里町のテレワーク拠点「しれとこらぼ」は２０１５年開業で、首都圏の大手企業などで働くテレワーカーの滞在を受け入れている。北見市はテレワーク拠点として、「サテライトオフィス北見」を２０１７年にオープンさせたが、出張などで利用する人が年々増え、２０１９年度の利用者はのべ３、０００人に達した。和歌山県白浜町のように、この事業をきっかけにＩＴ企業の誘致が進んだケースもある。

ＩＴ人材、ＩＴ企業については、前述のように、神戸市が六甲山の企業保養所などの遊休物件への誘致を進めようとしている(7)。六甲山はかつて「西の軽井沢」と呼ばれ２００を超す企業保養所などが建てられたが、今も使われているのは50あまりにすぎない。従来、六甲山でのオフィス立地は規制してきたが、２０１９年12月に開発基準を緩和し、改修費用として最大１、３５０万円、建て替え費用として最大３、０００万円を助成する仕組みを設けた。

移住者などの呼び込みについては地域で求める人材をあまり絞り込まず、広く呼びかけるケースが依然として多いが、これらの例は、テレワーク人材やＩＴ企業などターゲットを絞り込んで呼びかけ、そうした人材の受け入れを地域活性化の起爆剤にしようという取り組みである。今後は、働く場所の制約のない人々や企業の誘致をめぐる地域間競争が激しくなっていくことが予想される。

5　マネーの呼び込み――クラウドファンディング

マネー呼び込みの仕掛けについては、先に述べたように、かつてブームとなった地域通貨が、ＩＴ技術を活用することで再活性化する兆しが現われつつあるが、ここではもう一つの動きである、クラウドファンドについて紹介しておく。

鯖江市の先駆的取り組み

近年は、行政が市民から広く資金を調達する手段としてクラウドファンディングが広く使われるようになっているが、まちづくりにおける活用可能性も高いと考えられる。財源不足を補うため、クラウドファンディングの仕組みを自治体としていち早く取り入れたのが福井県鯖江市である。鯖江市は２０１４年12月に、クラウドファンディングの専門サイトである「ＦＡＡＶＯ」を使うことで、自治体としては初めてクラウドファンディングの運営者となった。

ＦＡＡＶＯは、特定地域に特化したクラウドファンディングサービスを、そのエリアの事業者や金融機関、自治体などにエリアオーナーになってもらうことで、共同運営している。この仕組みを使い鯖江市は、「FAAVOさばえ」を立ち上げた。地元の福井銀行グループの福井ネット株式会社の協力も得ている。クラウドファンディングには、資金提供者がリターンを求めない寄付型、支援に応じ返礼品が得られる購入型、さらに金銭的リターンが得られる投資型があるが、FAAVOは購入型に属する。

その仕組みは、次のようになっている。

まず、FAAVOさばえに、鯖江市や市の関連団体のほか、鯖江市の個人、団体、企業などが資金調達したい事業と目標金額を提示する。募集期間内に目標金額に達しなかった場合は、資金は提供者に返されるが、達成した場合は、支援金の90%が起案者に振り込まれる。5%は手数料としてFAAVOの運営主体に、また、5%が福井ネットに業務委託手数料として入る。このほか、市はFAAVOの使用料として月額15万円をFAAVOの運営主体に支払っている。支援者に対しては、お礼の品が送られる。

この仕組みで、「鯖江市のシンボルの危機！　郷愁誘うあのめがね看板を救う！」、「日本一小さい西山動物園！　みんなに愛される動物園を守っていきたい‼」などの事業について資金を調達したところ、当初の予想以上の反響があった。制度開始以来、これまで募集した事業の目標達成率は非常に高い。クラウドファンディングの仕組みでは、購入型は返礼品のみの見返りのため、いかに共感できる事業を提示し、応援したいと思ってもらえるかが重要になる。

鯖江市が成功したのは、潜在的に自分の資金を地域や社会のために使ってもらいたいという人が多くいたところ、そうした人々の心に訴えかけることができたからである。

さらに鯖江市は、2016年10月に、やはり全国初の取り組みとして、クラウドファンディング型ふるさと納税Webを立ち上げた。市の特徴的な事業を紹介し、市や事業への応援の気持ちを、ふるさと納税という形で募る取り組みである。

マネー呼び込みの今後とコロナ禍の影響

まちづくりにおいては、巨額の費用が必要になる場合が多く、もとよりクラウドファンディングですべて賄うことはできない。しかし、まちづくりの一部にでも市民の思いが込められた資金が入れば、市民の愛着が高まり、その後の維持や活用にも良い影響を与えると考えられる。まちづくりに関わる主体も、資金調達手法として検討すべきである。

コロナ禍の影響に関しては、コロナへの行政の対応が遅れる中、マスクや医療用ガウンの代替品を調達したり手作りしたりして寄付する動きが広がるなど、共助や助け合いの精神がクローズアップされた。これに関連してふるさと納税でも、たとえば、学校の休みで余った給食の食材などを返礼品として選ぶよう推奨したりする動きが出現した。また、大阪府が医療従事者等を支援する目的で設立した「大阪府新型コロナウイルス助け合い基金」には多額の寄付が集まった。

改めて、共感を通じて多くの善意がお金の形で寄せられることがわかり、自治体にとっては、日頃から、共感してくれる自治体内外の応援団を増やすことの重要性を改めて認識させる出来事であった。

6 コロナ禍とまちづくりの今後

本章ではまず、テレワークの普及には限界があることを指摘した。次いで、今後の地方を中心としたまちづくりで重要な要素になると考えられる、コンパクトシティ政策やエリアマネジメント、人とマネーの呼び込み策の現状を紹介した上、コロナ禍が及ぼす影響について検討した。人口減少時代におけるまちづくりは、多くの場合、縮小が前提となり、行政の財源も限られる。そうした時代に合わせた取り組みを進めていく必要がある。

コロナ禍の影響については、テレワークの普及によって、住む場所の制約がなくなるなどといった事態には至らないと考えられるが、従来よりは増えるテレワーカーの誘致環境を整えることは、人口減少に悩む自治体にとっては、取り組むべき課題の一つになる。また、日頃から共感してくれる自治体内外の応援団を増やすことも、自治体が注力すべき課題となる。

（1）日経電子版会員に対するアンケート調査。『日本経済新聞』２０２０年10月7日。
（2）社長１００人に対するアンケート調査。『日本経済新聞』２０２０年9月28日。
（3）将棋界では、数人の棋士がオンラインで集まり、その時点で行われている対局をリアルタイムで検討するなどの研究活動が活発に行われており、地理的に普段交流のない棋士と意見交換できるなどの効果が発揮されているという（谷口浩司「あすへの話題 テレワーク」『日本経済新聞』２０２０年10月29日夕刊）。いわば、テレワークでも創造性が触発できるケースといえるが、ルールや最終的な目的、参加すべき人がはっきりしている場合には、目的に向かって、オンラインでも十分なコミュニケーションが可能ということを示している。これに対し、ビジネスなどの現場では、そもそもの枠組みや最終的な方向性、必要な人などがはっきりとしていない中で、問題を検討していかなければならない場合が多く、この場合はオンラインでのコミュニケーションだけでは限界があるという違いがあるように思われる。
（4）ベンチャー企業31社に対するアンケート調査。『週刊東洋経済』２０２０年10月31日号。
（5）大企業が移転に踏み切った例としては、パソナが淡路島に本社を移転させた例があるが（東京・大手町の本社などの約１，８００人のうち約3分の2を２０２４年5月までに淡路島に段階的に異動）、淡路島で行っている同社の事業を人口増加によってテコ入れしたいとの思惑もあるといわれ、例外的なものと考えられる。

（6）米山秀隆『縮小まちづくり』時事通信社、２０１８年。

（7）『日本経済新聞』２０２０年6月29日。

終章　所有から利用へ

――新たな仕組みの崩芽

1　人口減少時代の住宅・土地制度

解体費用事前徴収の仕組み

これまで随所に述べてきたように、人口減少により不動産の価値が下がり、管理放棄された物件が各地で、朽ち果てた戸建てやマンション、あるいは荒れた土地などとして、多くの問題を引き起こしている。

所有者が管理や処分の責任を負うべきであるが、その責任を果たさない結果、自治体が取り壊すなどの代執行を行い、しかもその費用を回収できずに公費負担になる例が増えている。

第3章で紹介したが、2020年に入ってからは、空家対策特別措置法（以下、空家法）に基づく代執行が、分譲マンションでも行われた。滋賀県野洲市のマンション（9戸、1972年築）であるが、全員の合意が得られなかったため自主的な解体ができず、空家法に基づく代執行が行われ、その費用が約1億1,800万円近くかかった。小規模なマンションでもここまでの費用がかかったのは、アスベスト飛散の恐れがある物件で、その処理費用が嵩んだことによる。

市は、当初、代執行には消極的で、あくまでも区分所有者の責任に委ねる意向であったが、アスベスト飛散の恐れがあることがわかったため放置できなくなり、やむなく代執行を決断した。費用は請求しても全額回収できるかどうかはわからない。

分譲マンションの場合、1戸当たりの解体費用が戸建てと同程度だとしても（いずれも普通の大きさの場合、200万円程度といわれる）、50戸の場合は1億円に達し、全体の解体費用が巨額なものになる。このため、仮に自主的に解体しようとしても、費用面のハードルが高くなる。

こうした問題について筆者はかねてから、今後はいずれ解体の時期が来ることを見越し、戸建てでもマンションでも将来に必要になる解体費用を確保（デポジット）しておく必要性を指摘してきた。

具体的には、住宅取得時に一括して供託する、あるいは固定資産税に上乗せして何年かかけて徴収していく仕組みである（上乗せの場合、解体に200万円を要するケースでは、たとえば年当たり20万円とし10年間徴収）。

解体費用を予め準備しておく仕組みは、借地上にマンションを建てる定期借地権付きマンション（定借マンション）では、50～70年ほどの定期借地権を終了したら建物を解体して地主に土地を返す必要があるため、解体準備金の積み立てという形で導入されている（1戸当たり、最終的に200万円ほど積み立てる計画になっている場合が多い）。これは自主的に積み立てる仕組みであるが、この仕組みを分譲マンションや戸建てにも広げ、しかも強制的な徴収の仕組みにしようというのが筆者の提案だった。

有料で放棄できるルール

そして、建物が寿命を終えたら予め準備しておいたお金で解体する。跡地については売れれば問題がないが、もし売れず、またそのまま土地が放置されていることに問題がある場合には、放棄料を支払うことで、国・自治体の管理下に移す仕組みについても、提案してきた。放棄料は、固定資産税および管理に要する費用の何年か分とする。これは土地所有者が有料で放棄できる仕組みである。お金を払って国・自治体に引き取ってもらうものであり、市場で売れない土地を、お金を付けて、つまりはマイナスの価格で国・自治体に売却する仕組みである。

現在、合法的に放棄できる仕組みとしては、相続放棄がある。相続財産すべてを放棄しなければならないハードルの高さはあるが、近年、その数は増加している。民法には、無主の不動産は国庫に帰属するとの規定があるものの、放棄されても国が受け取るわけではない。また、最後に相続放棄した人は、次に管理する人が決まるまでは管理責任が残るが、それも徹底されているわけではなく、相続放棄された後に宙ぶらりんで誰も管理しない物件が増えている。そして、放棄された物件が危険な状態に陥った場合、自治体が公費負担で処置せざるを得なくなっている。

今後、相続放棄によってこうした物件がどんどん増え、公費負担が増えていくくらいなら、いっそのこと相続時に限らず放棄できるルールを作り、かつ、その後の管理費用に充当できるよう、放棄料を課した方がいいのではないかというのが、筆者の提案であった。

人口減少時代の住宅・土地制度

以上2つの仕組みをまとめると次のようなものになる。

まず、住宅を建設・取得した人は、将来必要になる解体費用をデポジットしておき（供託や固定資産税による徴収）、建物が不要となったらそのお金で解体する。跡地は、売れればそれで問題がないが、売れない場合は、放棄料の支払い（＝マイナスの価格）で、国・自治体に引き渡し、公的管理下に置く（管理が必要な場合）。管理の必要性のない場所ならば、土地が自然に返れば問題ないということになるかもしれない。

右肩上がりの成長、人口増加の時代においては、不動産の価値は上昇を続け、次に取得したい人が出てくる可能性が高かったため、最後の解体の問題を考えておく必要はなかった。

しかし、人口減少時代においては、次に取得したい人が出てくる可能性が低くなっており、最初に取得した人が最後の解体やその後の土地管理の問題をも考えなければならなくなっている現実を直視した仕組みである。

この仕組みでは、今後、住宅を建設・取得するには、最後に必要になる解体費用をデポジットできる負担能力があり、さらに、跡地が売れず処分する場合においては、固定資産税や管理費用相当の何年分かを支払える人でなければならないということになる。住宅を建設・取得する場合は、単なる購入費用だけで済まないということで、所有者責任の徹底を求めるものである。

もし、ここまでの所有者責任が求められることになれば、将来的には、もはや取得することは得ではなく、必要なときに利用できるだけで十分という、所有優先から利用優先の考え方への変化を促すことになるかもしれない。

住宅以外にも同じ仕組みが必要

ここまで述べてきたのは住宅とそれが立っている土地を念頭に置いたものであるが、この考え方は実は、すべての建築物について必要な仕組みかもしれない。というのは、現在、放置されて問題になっているのは住宅ばかりではないからである。

たとえば、室蘭市では市内に危険な空きビルが放置され、所有業者も廃業したため、やむなく空家法に基づき、1億3,000万円ほどかけて解体せざるを得なくなった。跡地は差し押さえて活用しようとしているが、費用回収までは難しい（これもアスベスト飛散の恐れで放置できなくなった例であり、解体だけだったら半分ほどの費用）。

このような事態に至る可能性を考えれば、ビル建設の時点において将来必要になる解体費用がデポジットされていれば、その後、所有業者が倒産したり、所有者不明になったりしたとしても、少なくとも解体費用そのものの心配はしなくてもよいことになる。

また、淡路島では個人が1982年に建立した巨大な観音像（高さ約80ｍ）が廃墟化し、危険な状態に陥るという問題が起こっている。遺族による相続放棄がなされた後、相続財産管理人が管理しているが、解体に踏み切れる状況にはない。自治体が使える法律としては、空家法による代執行が考えられるが（空家法は、住宅だけではなくすべての建築物が対象）、跡地にそれほどの価値があるとは考えられず、いくらかかるかわからない費用を回収できる見込みもない。

こうした問題まで視野に入れると、今後、建築物の建設を許可する場合には、解体費用がデポジットされることが条件ということになるかもしれない。

バブルの時代に、投機的土地取引を抑制する目的で制定された土地基本法が時代に合わなくなり、人口減少時代に不可欠になった、所有者の管理責任を明記する形に改正されることが決まったが（2020年2月4日閣議決定）、今後、所有者の責任は、費用の問題も含む議論にまで深めていく必要があると考えられる。

2　今後の住まい選び——取得後の出口があるかどうか

●土地神話の真の崩壊

空き家問題や所有者不明土地の問題の深刻化を受け、今後の不動産所有の考え方はどのように変わっていくだろうか。

１９９０年のバブル崩壊後、土地の値段は右肩上がりに上昇し続けるという、戦後に形成された「土地神話」は崩壊した。しかしその後も、住宅・土地の保有志向は弱まることがなかった。むしろ、価格下落は取得の好機ととらえられた。

しかし、近年の空き家問題や所有者不明土地の問題の深刻化は、住宅・土地を持つことの意味を、人々に改めて問うている。現状では取得した以上、最後まで責任を持たなければならず、資産としての価値がなくなったからといって安易に放棄することもできない。売却を含め、自分の後に使う人がいない場合には、固定資産税の納付義務や管理責任を果たし続ける必要がある。

つまりは、取得したとしても最終的に処分できないような住宅・土地は、自分や子孫にとって重荷になるだけだということである。こうした認識が共有されつつある現在は、本当の意味での土地神話の崩壊過程にあると考えられるのではないか。

シェアリングエコノミーが広がりを見せているが、住宅についても、今後は、必要な期間に、必要な広さや条件の住宅に住めれば十分で、必ずしも所有にはこだわらないという考え方が、じわじわと広がっていく可能性がある。

また、序章で述べたように、アフターコロナでは人々が仕事やライフステージに応じ、働く場所と住む場所を柔軟に変化させていく可能性が高まることで、物件の活用可能性が広がっていくと考えられる。その時々で最適な物件を利用するため、所有することにこだわるよりは、利用優先の考え方がより根付いていく可能性もある。

ケアレジデンスに住み替え可能なマンション

利用優先への考え方の変化に応えるような新たな住宅供給の仕組みが登場している。

マンション供給の新たな試みを行っているのが、東急不動産による世田谷中町プロジェクト（2016年）である。マンション（ブランズシティ世田谷中町）とケアレジデンス（グランクレール世田谷中町）が同一敷地内で開発されている。マンションは70年の定期借地権付きマンションで、取得後に望めばケアレジデンス（賃貸）に移ることができる。その際、購入後5～20年の間であれば、その時点の80％の価格でのマンションの買い取り保証が付けられている。購入者にとっては高齢期の住まいの心配がなく、供給者にとってはマンションの人気を高く保つことができれば、居住者の新陳代謝を図ることができる。

つまり、このプロジェクトは、いったん買ったマンションに永住するのではなく、高齢期に住み替える前提で考えており、それを同一敷地内で実現できる仕組みをあらかじめ組み込んでいる。マンションを定借マンションにしていることは、購入者にとっては所有権付きの普通のマンションよりは価格が安いメリットがある。

一方、供給者にとっては、定借期間満了後は必ず更地にして土地が返還されるため、マンションが寿命を終えて使うに耐えなくなった場合でも、建て替えや解体について区分所有者が合意できないまま放置されるような事態は生じず、更地になった時点で改めて最適な利用を考えることのできるメリットがある。

現在の老朽化マンションの悩みとしては、第4章でも触れたが、修繕積立金の不足により修繕が難しくなっていること、建て替えようにも資金面や合意面で実現できる目途が立っていないことなどがあげられる。そうしたマンションは中古物件としての価値もなくなっており、売却資金を元手に高齢者向けの住宅に移ることも難しくなっている場合が多い。しかし、世田谷中町プロジェクトのような仕組みになっていれば、このような悩みとは無縁である。所有権にこだわらなければ、取得後の出口（高齢期の住まい）があらかじめ用意されている合理的な住まいの取得方式と考えることができる。

●戸建ての「返せる所有」

1戸建てについてはこのような仕組みはないが、最近、いったん購入した住宅を確実に手放すことのできる仕組みが現われた。

ミサワホームの仕組みで、取得後何らかの理由で手放したくなった場合、移住・住みかえ機構（ＪＴＩ）に土地・建物の権利を移すことで手放せるというものである。その際、残った住宅ローンの返済は免れる。

住宅ローンを組んで住宅を購入する場合で、ローンの残債がある場合でも住宅を売りさえすれば残債の返済を免れるローンの仕組みをノンリコース（非遡及型）ローンという。ノンリコースローンは、中古住宅が高い価値を持つ住宅市場でなければ実現しにくく、これまで日本では存在しなかった。ミサワホームの仕組みは、実質的にノンリコースローンを実現するものである。

前述のように、ＪＴＩは国の支援を受け、戸建て住宅の賃貸化を促しているが、借り手がつかない場合でも一定の家賃保証を行っており、最低限その賃料収入が見込めるため、ノンリコース化できるようになっている。ただし当該住宅が、あらかじめJTIの性能基準や、ローンの借入れ条件を満たしている必要がある。性能や立地条件などで十分な資産価値を保つことのできる住宅であるからこそ、ノンリコース化が可能になっている。

この仕組みでは、いったん取得した住宅が売るに売れず、必要がなくなってもローンも含め抱え続けるといった事態は避けることができる。手放したとしても売却益が出て次の住まいの元手にできるわけではないが、ローン返済は免れるため、借金を負ったままということはなくなる。取得後も手放す自由が保証されている住宅といえる。

ミサワホームではこの仕組み（「ミサワライフデザインシステム（ノンリコオプション付き）」）の適用を受けられる住宅の開発分譲を行った。ミサワホームはこの供給方式を「返せる所有」と呼んでいる。

所有することの呪縛からの解放

このように、最近の住宅市場では、世田谷中町プロジェクトのように取得後の次の住まいを用意したり、ミサワライフデザインシステムのように取得してもその後に返せるようにしたりするなど、取得後の出口を保証する住宅供給が行われるようになっている。

前者は所有権ではなく定期借地権を活用することで実現し、後者はＪＴＩの仕組みを活用することでいったん所有した住宅を返せるようにしている。いずれも取得した住宅を抱え続けなければならないという、所有者が陥りやすい問題が発生しない仕組みとなっている。こうした、所有することの呪縛から解き放つ新たな住宅供給の仕組みは、今後も様々なものが出てくる可能性が高い。第４章で述べたマイホームリース制度もそうした一例である。

単純に考えれば、取得後の出口のある住宅というのは、中古住宅として確実に売れる物件であれば、それだけで条件を満たしている。しかし日本では、中古市場が依然小さく、中古住宅としての価値を保ち続けている物件は少ない。そのような市場の下で、購入者にとって必要な期間だけ住むことができ、不要になったら自由に手放せる住宅供給の新たな試みが現われている状況にあると考えられる。

中古としての価値が保たれる物件とは

一方、中古として確実に売れる物件とはどのようなものであろうか。

本書は、不動産購入を指南するものではないため、以下では筆者の考えるポイントを、ごく簡単に述べておく。

第一は立地であり、駅から近い範囲にあることである。そのような物件であれば、子どもなどが引き継がなくても、少なくとも土地としての価値は残り、次の購入者が現われる可能性が高い。今後、コンパクトシティ政策がさらに推し進められていく流れを踏まえると、居住誘導区域が設定された場合でも、最低限その範囲にある立地にあるかどうかは重要なポイントになる。

第二は、エリアマネジメントがしっかりと行われていることで、エリアと住宅の価値が保たれていることである。実際にそのような取り組みによって、中古物件の価値が保たれている地域は日本では極めて少ない。一方、欧米先進国では、大半の人が中古物件を購入しているが、より具体的には、住宅地として評価の確立されたエリアにおいて、評価の確立された物件に住むことが人々にとって一つのステータスになっている。

将来的にも、日本のすべてのエリアで欧米先進国の域に達するのは困難と考えられるが、近年は、物件単位で中古としての価値が残るよう、積極的に取り組んでいる住宅供給業者の例もある。

すなわち、自らの供給した住宅についてしっかりとしたメンテナンスを行い、所有者が将来売却したいとの意向を持ったときに、その価値が正当に評価されるようにし、さらにその実現を担保するため、物件の売却希望が出た場合は自らが仲介する取り組みである。

このように、物件単位できちんとした取り組みが行われている場合も、中古として確実に売れる、出口のある物件であるといえる。

マンションの場合は、価値を保てる仕組みになっているかどうかは、立地のほか、管理組合活動がきちんと行われるかどうかが重要になる。管理組合の中には、自らのマンションを、中古市場で競争力の持つ物件にすることを明確に目指して活動している事例もある。

区分所有者の交流促進、管理費削減や空き駐車場の貸し出しなどによる管理組合の収入増などの取り組みのほか、大規模修繕の際に必要になる修繕積立金は当初計画では往々にして資金不足になることが多いが、当初から十分な額を積み立て、適切な維持管理を行うなどの取り組みを行っている。そして、これらの取り組みをウェブ上で積極的に発信することで、中古物件を探している人にアピールしている。

こうしたマンションは、中古物件が売りに出された際にはすぐに買い手がつき、新たな区分所有者を得ることで、管理組合の活動が物件老朽化とともに衰退していくリスクが低くなる。

また、こうした取り組みにより、所有者にとっては、高齢になって高齢者向け住宅・施設などに住み替えたいと思った場合、中古市場で競争力の持つ物件であるため、容易に売却できるというメリットも得られる。

一方、マンション購入者にとっては、新築を購入する場合、購入後に管理組合の活動がうまく立ち上がるかどうかわからないというリスクがあるが、管理組合の活動がすでにうまく立ち上がっている中古物件を購入すれば、そのようなリスクを避けられるメリットがある。

◎今後の住まい選び

土地神話が真に崩壊しつつある現在、所有する場合は、価値が残る立地や仕組みになっているかどうかを見極める必要性が高まっている。そのような物件であれば、所有した後の出口があり、仮に筆者が提案したような放棄ルールが導入されたとしても、最終的に放棄を余儀なくされ、そのために放棄料を支払う必要もない。一方、もはや所有することにこだわらない場合、必要な時期に必要な要件を満たす住宅に住める仕組みのバリエーションは、今後、少しずつ増えていくと思われる。

一戸建てでもマンションでも、単に所有すれば終わり、ゴールというわけではなく、その先も見据えて、自分にとって本当に必要な住まいの選択と、取得後の道筋はどうであるかという観点から不動産選びを考え直す時代に入っている。

【付論】空き家を増えにくくするもう一つの方法
――解体やリサイクルのしやすさを考慮した住宅供給

以下では、ここまで述べてきた発想とは全く異なる、もう1つの住宅市場の姿があることを示しておこう。本文の流れの中では紹介しにくかったため、付論の扱いとしたが、発想としては十分あり得るものである。

●普及道半ばの長期優良住宅

第3章でも少し触れたが、空き家を増えにくくする抜本的な対策としては、建築時点で長持ちする住宅を建て、それを次の世代が中古住宅として使い続ける、欧米型の市場に変えていく必要性がかねて主張されてきた。

欧米先進国では、住宅寿命（滅失住宅の平均築後経過年数＝取り壊された住宅がその時点で築後何年経過していたかを示すもの）が60～80年と、日本の32年（2013年）の2～3倍となっている。

また欧米では、新築と中古を合わせた全住宅取引きのうち、中古の比率が70～90％と、日本の14・7％（2013年）よりはるかに高く、人々が普通買うのは中古住宅となっている。

こうした住宅市場の下では空き家は増えにくく、日本よりも空き家率の水準は低くなっている。

これまで寿命が短かった日本の住宅の長寿命化を目指して制定されたのが、「長期優良住宅普及促進法」（2009年6月施行）である。これにより、長期間にわたり良好な状態で使用できる住宅の建築や維持保全に関する計画を認定する仕組みが設けられた。

認定を受けるには、①劣化対策、②耐震性、③維持管理・更新の容易さ、④可変性、⑤バリアフリー性、⑥省エネルギー性、⑦居住環境、⑧住戸面積、⑨維持保全計画、の9つの基準をクリアすることが必要となる。認定を受けた住宅は、住宅ローン減税や固定資産税の軽減などの様々な優遇措置が受けられる。

具体的には、①については数世代にわたり住宅の構造躯体が使用できること、③については耐用年数が短い内装・設備の維持管理を容易に行えること、④についてはライフスタイルの変化に応じ、間取りの変更が容易に行えることなどの条件が設けられている。長持ちする構造躯体を前提に、内装や設備、間取りを必要に応じ変えていくことで、数世代にわたって住み続けられるようにするのが狙いである。

この仕組みが作られて以来、長期優良住宅は徐々に増えてきたが、2019年度時点でも長期優良住宅は戸建て新築住宅の25％にすぎない。建築コストがかかる点がネックになっている。注文住宅で普及しても、建売住宅にまで普及させることは難しい。

大手ハウスメーカーなどでは、長期優良住宅を建築した上、適時に点検、維持修繕を行ってその履歴を残し、所有者が売却したいとの意向を持ったとき、積極的に仲介し、その後のリフォーム需要を取り込むなどの動きを進めている。こうした取り組みが広がっていけば、長持ちする住宅が中古物件として流通していくと考えられる。しかし今後、建築された長期優良住宅のどれほどが中古物件として流通していくかについては、現時点ではなお未知数である。

一方で、ローコスト住宅に対する需要は依然根強い。最近注目されているものの1つとして、株式会社クリエイト礼文（山形市）が供給する「ユニテハウス」がある。四角い箱型の家（ツーバイフォー工法、2階建て4ＬＤＫが標準）であるが、デザイン性が高く、本体価格が1，100万円と安いことが消費者に受け入れられている。供給する側にとっては、同じ形であるため資材費を安く抑えることができ、また、組立ても容易で通常2週間程度の作業が2日程度で済むため、人件費も抑制できる。全国にフランチャイズ展開しており、年間900棟あまりの現在の実績を、将来的には5，000棟までに増やす計画である。

ローコスト住宅は一般に、何世代かにわたって使うことを目指すというよりは、一代限りでも良いとする考えで取得する場合が多いと思われる。長持ちする住宅を建て、それを次の世代が中古住宅として使い続けることで、空き家の発生を抑制するという考え方とは相いれないものであるが、この路線を突き詰めていくともう1つの空き家を増えにくくする方向性が浮かび上がる。

●解体やリサイクルのしやすさをあらかじめ考えるという発想

それは、建築する時点で、あらかじめ将来の解体のしやすさを考慮しておくというものである。一代限りの使用と割り切り、必要な機能は確保しつつも、簡素な造りにしておくことがこれに当たる。こうした考え方に基づいた住宅は、実際に供給されたことがある。かつての江戸の住宅で、江戸ではしばしば大火に見舞われたため、火災によって消失する可能性を考慮し、建築時にお金はかけず、また、ときに延焼防止のために取り壊される可能性を考え、壊しやすい構造になっていた。

欧米型モデルの普及に一定の限界があるとすれば、一代限りで壊す前提の住宅供給モデルがあってもいいのではないか。さらに現代においては、使用が終わった後の資材のリサイクルのしやすさもあらかじめ考えておけばなおよい。将来の解体やリサイクルのしやすさを考慮したローコスト住宅が市場に登場すれば、受け入れられる余地はあると思われる。

現在、住宅を持ったことの末路として、子どもも引き継がず売るに売れない住宅を抱え、そればかりか危険な状態になった場合の責任を問われる時代となり、所有したことが本当に良かったのかと自問せざるを得ないような状況も生じている。持つとしても一代限りの使用で、最後は解体やリサイクルがしやすくなっている住宅は、こうした問題への答えの一つになるものである。今後の住宅供給業者の取り組みを期待したい。

今後の住宅市場の姿としては、長期優良住宅の普及に基づく循環モデルだけではなく、解体やリサイクルのしやすさをあらかじめ考える一代型モデルもあってよく、消費者が自らの嗜好に応じ選択するという形もありかもしれない。いずれのモデルでも、将来に備えた解体費用の準備や、次の土地利用者が現われなかった場合に備えた仕組みは必要と考えられる。

〈参考文献〉

〈序章〉

小田切徳美（２０２０）「日本は『低密度居住社会』へ」『月刊事業構想』7月号
隈研吾（２０２０）「20世紀型『大箱都市』の終焉」日経クロステック編『見えてきた7つのメガトレンド アフターコロナ』日経ＢＰ
高松平蔵（２０２０）「ポストCOVID-19のドイツ地方都市 余暇空間・居住空間への意識が強まる」総合研究開発機構「ポストCOVID-19の日本と世界」6月1日
出口敦（２０１８）「"Society5.0"で都市はどう変わるか」日立東大ラボ編著『Society5.0 人間中心の超スマート社会』日本経済新聞出版社
内藤廣（２０２０）「都市開発は次のフェーズに入った」日経クロステック編『見えてきた7つのメガトレンド アフターコロナ』日経ＢＰ
広井良典（２０１９）『人口減少社会のデザイン』東洋経済
広井良典（２０２０）「『分散型システム』への転換」『月刊事業構想』7月号

〈第1章〉

青木保親（２００４）「岐阜市総合型交通社会実験について」『道路行政セミナー』6月号
青木保親（２０１３ａ）「ＢＲＴ導入とバス路線の再編」『新都市』Vol.67 No.8
青木保親（２０１３ｂ）「岐阜市のＢＲＴの導入推進に向けた取組みについて」アーバンインフラ・テクノロジー推進会議「第25回技術研究発表会」発表論文
青木保親（２０１５）「岐阜市地域公共交通網形成計画について」『新都市』Vol.69 No.8

青木保親（２０１６）「岐阜市地域公共交通網形成計画」『自治体法務研究』春号
青木保親（２０１７）「[岐阜市] ＢＲＴを軸としたコンパクトシティ実現に向けた公共交通ネットワークの再構築」地域科学研究会研修会まちづくり行政シリーズ83「立地適正化計画―策定と推進の実務」講演資料
秋元菜摘（２０１４）「富山市のクラスター型コンパクトシティ政策と郊外のアクセシビリティ―婦中地域におけるシミュレーション」『地理学総論』Vol.84 No.4
飯塚由貴雄（２０１５）「宇都宮市が目指す将来の姿『ネットワーク型コンパクトシティ』の形成に向けた取り組み」『第67回都市計画全国大会報告書』10月
石黒厚子（２０１６）「コンパクトシティ戦略の一翼を担う富山市内電車環状線」『北陸経済研究』６月号
宇都宮市（２０１７）「宇都宮市立地適正化計画」３月
遠藤隆（２０１４）「市政ルポ 宇都宮市（栃木県）総合的な交通体系の確立で目指すネットワーク型コンパクトシティ」『市政』７月号
加藤智子（２０１６）「地方自治体の財政再建―夕張市の再生への取組」『立法と調査』No.375
紙田和代・石村壽浩（２０１７）「コンパクトシティ政策のカギ・立地適正化計画」『市街地再開発』３月号
北島顕正（２０１６）「地方における少子高齢化・人口減少への取組―富山県・石川県の自治体・民間団体による先行事例」『レファレンス』12月号
岐阜市（２０１７）「岐阜市立地適正化計画」３月
京田憲明・木村陽一・山下倫央（２０１５）「富山市におけるコンパクトなまちづくりの背景」『サービソロジー』Vol.2 No.1
工藤学（２０１４）「夕張市の抱える諸課題―財政再建と地域の再生に向けて」『地方自治』１月号
酒井優（２０１６）「[埼玉・毛呂山町] 毛呂山町立地適正化計画の方向性とその取組み―『導く・保つ・つなぐ』将来都市像の実現に向けて」地域科学研究会研修会まちづくり行政シリーズ71「立地適正化計画―新時代の策定・運

用手法」講演資料
杉本裕明（２０１０）「公共交通の充実で温暖化対策を―住民参加でコミュニティバスを運行」『ガバナンス』５月号
鈴木直道（２０１３）「『夕張の今と未来』新たな可能性を創造するまちへ」『自治研ちば』第10号
スタッブシンシア由美子（２０１５）「グローカルインタビュー 宇都宮市長佐藤栄一氏 ＬＲＴ 新設、街づくりにどう生かす コンパクトシティを形成 生活者、企業にも利便性高く」『日経グローカル』No.267
瀬戸口剛（２０１３）「人口激減都市夕張市における集約型コンパクトシティへの計画支援」『土地総合研究』春号
瀬戸口剛・長尾美幸・岡部優希・生沼貴史・松村博文（２０１４）「集約型都市へ向けた市民意向に基づく将来都市像の類型化―夕張市都市計画マスタープラン策定における市街地集約型プランニング」『日本建築学会計画系論文集』第79巻第６９８号
瀬戸口剛（２０１４）「夕張市における集約型都市構造へ向けた公営住宅による市街地集約化事業」『住宅』11月号
瀬戸口剛・加持亮輔・北原海・尾門あいり・松村博文（２０１６）「コンパクトシティ形成に向けた住宅団地集約化の相互計画プロセスと評価―夕張市都市計画マスタープランにもとづく真谷地団地集約化の実践」『日本建築学会計画系論文集』第81巻第７２２号
瀬戸口剛（２０１７）「コンパクトシティ形成に向けた夕張市公営住宅における市街地集約化」『住宅』１月号
高橋裕司（２０１７）「［宇都宮市］立地適正化計画策定に向けた取組み―ネットワーク型コンパクトシティの実現に向けて」地域科学研究会研修会まちづくり行政シリーズ83「立地適正化計画―策定と推進の実務」講演資料
竹内伝史（２００１）「岐阜市民の足を守るバスサービスの計画と行政」『経済月報』（十六銀行）３月号
田辺義博（２０１５）「宇都宮市が目指す将来の姿『ネットワーク型コンパクトシティ』の形成」『月刊建設』９月号
富山市（２０１７）「富山市立地適正化計画」３月
富山市都市整備部都市政策課（２０１５）「ＧＩＳを活用した富山市における『コンパクトシティ』の取組効果把握」『新都市』Vol.69 No.8

中村圭勇（２０１４）「コンパクトシティ戦略による富山型都市経営の構築（富山市環境未来都市戦略）―ソーシャルキャピタルあふれる持続可能な付加価値創造都市を目指して」『建設機械施工』Vo.66 No.3
日経アーキテクチュア編集部（２０１３年）「検証 インフラ整備を絡めた都市再編―軌道に乗り始めた富山市のコンパクトシティ」『日経アーキテクチュア』１月25日号
日経コンストラクション編集部（２０１２）「夕張市 都市の縮小で危機脱却を目指す」『日経コンストラクション』８月13日号
日経コンストラクション編集部（２０１７）「宇都宮ＬＲＴは着工間近か」『日経コンストラクション』１月23日号
西村宣彦（２０１６）「夕張市の財政破たん10年―不可欠な『未来への投資』」『住民と自治』11月号
船田安浩（２０１７ａ）「[富山市] 公共交通を軸としたコンパクトなまちづくりの推進と立地適正化計画の推進―コンパクトシティ戦略による富山型都市経営の構築」地域科学研究会研修会まちづくり行政シリーズ83「立地適正化計画―策定と推進の実務」講演資料
船田安浩（２０１７ｂ）「コンパクトシティ実現に向けた富山市の取り組み」『市街地再開発』３月号
北海道開発協会広報研修出版部（２０１４）「市営住宅の集約・建替えによるまちのコンパクト化とＣＢＭ（炭層ガス）の活用によるまちづくり 夕張市」『開発こうほう』７月号
堀友彰（２０１４）「コンパクトシティ戦略による富山型都市経営の構築」『新都市』Vol.68 No.9
毛呂山町（２０１７）「毛呂山町立地適正化計画」２月
夕張市（２０１２）「夕張市まちづくりマスタープラン」３月
吉田力（２０１５）「グローカルインタビュー 富山市長森雅志氏 コンパクトシティー、10年の成果は 人口の社会増や地価反転 課題は防災・高齢化対応」『日経グローカル』No.268
吉田肇（２０１４）「地方都市におけるコンパクトシティの導入に関する考察―宇都宮都市圏と富山都市圏におけるケース・スタディ」『都市経済研究年報』No.14

〈第2章〉

石田信隆・寺林暁良（2012）「U・Iターンで活性化する海士町」『農林金融』12月号
泉猛（2015）「地域資源を活かした移住・定住促進―大分県竹田市」『ながさき経済』9月号
稲葉光彦（2015）「各自治体が特性生かした地域政策の創生を―徳島県上勝町、神山町、美波町、愛媛県松山市中島の取り組みから、これからの地方創生を考える」『公明』8月号
今岡直子（2016）「人口減少社会における地方自治体とICT」『レファレンス』3月号
岩本悠（2016）「未来を切り拓く〝教育の力〟について―島根県隠岐島前地域の事例から考える」『調査研究雑誌ECPR』（えひめ地域政策研究センター）財団設立40周年記念号
梅村仁（2016）「地域に内在する起業家精神と自治体産業政策」『企業環境研究年報』第20号
NPO法人グリーンバレー・住時正人（2016）『神山プロジェクトという可能性―地方創生、循環の未来について』廣済堂出版
大分経済同友会（2015）「大分経済同友会 TAKEDA ART CULTURE 2014 視察報告書」3月
大迫彩紀（2015）「地域資源をフル活用した移住策―大分県竹田市」『KER経済情報』7月号
大南信也（2015）「脱『地方消滅』―成功例に学べ【ITベンチャー】―徳島県神山町 雇用がないなら、仕事を持っている人を呼べばいい」『中央公論』2月号
奥田和司（2014）「地域資源のブランド化戦略」『都市問題』12月号
尾野寛明（2015）「特集 移住支援で地域を活性化 ビジネスコンテストを開催し、創業人材を確保―定住と産業振興の〝一石二鳥〟を狙う」『地域づくり』5月号
金丸弘美（2014）「スピリットあふれる島（上）（下）島根県海士町」『地方行政』10月16日、10月20日
木下栄一（2012）「山内道雄島根県海士町長 離島から『この国』を変える。」『潮』6月号
吉良伸一（2015）「少子高齢化社会のまちづくり」『社会分析』42号

小池拓自（２０１６）「地域経済活性化の方向性と課題―人口減少と経済のグローバル化を踏まえて」『レファレンス』10月号
後藤祥司（２０１６）「農村回帰宣言市における持続可能な農村交流の取り組み―地域資源の磨き上げによる『感動産業』の確立に向けて」『月刊自治研』1月号
佐藤祐樹（２０１６）「ＩＣＴで実現する地方創生、地域活性化　島根県海士町／未来のために高校魅力化に取り組む離島の公立塾　島の存続のための高校魅力化か、地方創生の先駆的な取り組みに」『月刊Ｊ-ＬＩＳ』4月号
篠原匡（２０１４）『神山プロジェクト―未来の働き方を実験する』日経ＢＰ社
嶋田暁文（２０１６）「海士町における地域づくりの展開プロセス―『事例』でも『標本』でもなく、実践主体による『反省的対話』の素材として」『自治総研』10月号
島根県隠岐郡海士町（２０１５）『「ないものはない」の精神でチャレンジの途上―持続可能な島の未来をつくる』『リージョナルバンキング』11月号
杉本哲也（２０１６）「島根県隠岐郡海士町　島をまるごとブランド化　破綻寸前自治体のチャレンジ」『日本公庫つなぐ』4月
鈴村今衛（２０１５）「特集　移住支援で地域を活性化　大分県竹田市　都市から地方へ「農村回帰宣言市」の移住政策―内に豊かに　外に名高く」『地域づくり』5月号
関耕平（２０１５）「『自立した幸福な島』からのメッセージ　島根県隠岐郡海士町」『農業と経済』5月号
全国地方銀行協会調査部（２０１４）「徳島県神山町における地域活性化に向けた取組み」『地銀協月報』8月号
総務省自治行政局・島根県江津市（２００７）「都市と農山漁村の新たな共生・対流システムモデル　調査報告書―空き家活用による農山村滞在と定住を促進するためのシステム構築事業」3月
高橋成文（２０１５）「徳島県神山町のワーク・イン・レジデンス　創造的な移住支援で町を活性化」『地方行政』
高橋真理子（２０１４）「徳島県・神山町『モノ』から『人』へ―地域再生への画期的挑戦」『潮』7月号

徳島県神山町（２０１６）「サテライトオフィス誘致の取組み」『リージョナルバンキング』９月号
杼谷学（２０１４）「過疎最先端の町 神山町 サテライトオフィスの取り組み」『地方税』６月号
中川華凛（２０１６）「介護人材確保で移住者支援広がる 島根県浜田市、松江市が取り組み」『厚生福祉』11月1日
中島正博（２０１４）「島根県海士町の取組みから見た定住政策の課題」『経済理論』（和歌山大学）３７６号
野邉幸昌（２０１５）「神山町における地域活性化の取組み」『ながさき経済』６月号
濱中香理（２０１６）「島根県海士町『挑戦する人』への覚悟が醸成された戦略策定」『しま』１月号
浜田市地域政策部政策企画課（２０１６）「浜田市 介護人材確保のためのシングルペアレント受入事業」『自治体法務研究』夏号
日向栄子（２０１４）「島根県海士町リポート（前編）（後編）過疎の島にエリートの若者たちがやってきた―離島発！地方復活のモデルケースに」『ＥＬＮＥＯＳ』９月号、10月号
松岡憲司編著（２０１６）『人口減少化における地域経済の再生―京都・滋賀・徳島に見る取り組み』新評論
牧山正男（２０１５ａ）「『田園回帰』に備えるべき農村側の施策と覚悟」『都市住宅学』89号
牧山正男（２０１５ｂ）「『田園回帰』の理想と現実―特に農村側の視点から」『地域づくり』５月号
三海厚（２０１６）「ビジネスプランコンテストを開催し、若者の移住＋起業などを支援―島根県江津市」『ガバナンス』５月号
宮崎雅也（２０１５）「定住した隠岐海士町で干しナマコ加工を「寄業」―身の丈に合った暮らしを手づくりする」『しま』１月号
森オウジ（２０１３）「ワーク・ライフ・バランスのフロンティア―日本の未来を照らす島・海士町を支えるワーク・ライフ・バランスと自治」『議員ＮＡＶＩ』９月号
山内道雄（２０１２）「海藻の産業のクラスター形成―島根県隠岐郡海士町の事例から」日本経済研究センター「希望と成長による地域創造研究会」小峰分科会ゲスト講師講演録、９月14日

山内道雄（２０１５）「海士町の『地方創生』創生は産業の立て直しとひとづくり」『住民と自治』９月号

〈第３章〉
米山秀隆（２０１９ａ）「相続対策としての貸家建設 インセンティブ見直しが必要」『月刊金融ジャーナル』６月号
米山秀隆（２０１９ｂ）「空き家対策のこれまでとこれから」『月刊自治研』７月号

〈第４章〉
浅見泰司・上田真一・山口敏彦・山崎福寿（２０１８）「座談会 空き家・空き地問題について」『住宅土地経済』冬号
加藤雅信（２０１５）「急増する所有者不明の土地と、国土の有効利用」高翔龍他編『日本民法学の新たな時代―星野英一先生追悼』有斐閣
小林秀樹（２０１７）「マンション解消制度のあり方―建替えの困難さを踏まえて」『マンション学』第56号
齊藤広子（２０１４）「マンションにおける空き家予防と活用、計画的解消のために」浅見泰司編著『都市の空閑地・空き家を考える』プログレス
制度解消特別研究委員会（２０１８）「マンション解消制度―検討の経緯と提言」『マンション学』第60号
田處博之（２０１５）「土地所有権は放棄できるか―ドイツ法を参考に」『論究ジュリスト』第15号
土地総合研究所（２０１７）「人口減少下における土地の所有と管理に係る今後の制度のあり方に関する研究会 平成28年度とりまとめ」『土地総合研究』春号
吉田克己（２０１５）「都市縮小時代の土地所有権」『土地総合研究』第23巻第2号
米山秀隆（２０１５）『限界マンション』日本経済新聞出版社
米山秀隆（２０１６）「所有者不明の土地が提起する問題―除却費用の事前徴収と利用権管理の必要性」『研究レポー

ト』（富士通総研）No.433
米山秀隆（2017）「空き家急増で浮上した新たな課題―解体費用の負担、所有権放棄ルール、利用優先の住宅供給」『国づくりと研修』138号
米山秀隆（2018）『捨てられる土地と家』ウェッジ

〈第5章〉

中川雅之（2018）「[経済教室] 東京一極集中の功罪（上）―生産性に与える影響、重視を『閉じた都心の形成』避けよ」日本経済新聞6月6日
久元喜造（2019）「『タワマン』立地にルールを」毎日新聞8月15日
米山秀隆（2018）「タワーマンションは供給過剰か」『都市問題』10月号

米山　秀隆（よねやま　ひでたか）
大阪経済法科大学 経済学部 教授
1986年筑波大学第三学群社会工学類卒。1989年同大学大学院経営・政策科学研究科修了。野村総合研究所，富士総合研究所，富士通総研，国立研究開発法人新エネルギー・産業技術総合開発機構を経て，2020年9月より現職。2016～2017年総務省統計局「2018年住宅・土地統計調査に関する研究会」メンバー。2020年～総務省統計局「2023年住宅・土地統計調査に関する研究会」メンバー。
専門は日本経済，住宅・土地政策。
〈主要著書〉
『捨てられる土地と家』（ウェッジ，2018年），『縮小まちづくり』（時事通信社，2018年），『限界マンション』（日本経済新聞出版社，2015年），『空き家急増の真実』（日本経済新聞出版社，2012年），『世界の空き家対策』（編著，学芸出版社，2018年），『空き家対策の実務』（共編著，有斐閣，2016年）など。

アフターコロナの都市と住まい
――コロナ禍がもたらすまちづくりの変化とは

2021年4月1日　第1刷発行

著　者――米山　秀隆©
発行者――野々内邦夫
発行所――株式会社プログレス
〒160-0022　東京都新宿区新宿1-12-12
電話03(3341)6573　FAX03(3341)6937
http://www.progres-net.co.jp
E-mail: info@progres-net.co.jp
印刷所――モリモト印刷株式会社

ISBN978-4-910288-10-9　C2034